Karl Hoffmeister

Die wirtschaftliche Entwicklung Roms

Eine sozialpolitische Studie

EHV
HISTORY

Karl Hoffmeister

Die wirtschaftliche Entwicklung Roms

Eine sozialpolitische Studie

ISBN/EAN: 9783955641399

Auflage: 1

Erscheinungsjahr: 2013

Erscheinungsort: Bremen, Deutschland

EHV
HISTORY

DIE WIRTSCHAFTLICHE

ENTWICKLUNG ROMS.

EINE SOCIALPOLITISCHE STUDIE

VON

DR. KARL HOFFMEISTER.

WIEN, 1899.

MANZ'SCHE K. U. K. HOF-VERLAGS- UND UNIVERSITÄTS-BUCHHANDLUNG.

I., KOHLMARKT 20.

INHALT.

I. Anfänge der Graeco-Italiker.

In geheimnisvolles Dunkel grauer Vorzeit begraben liegen die Wanderungen und Schicksale jener Völker, welche ihre östliche Urheimat verließen und dem Laufe der sinkenden Sonne folgten, bis sie die Gestade des Mittelmeeres besiedelten und sesshaft wurden.

Wie lange diese Wanderungen währten und welchen Grad von Cultur die einzelnen Stämme schon vorher erreicht hatten und während derselben erreichten, ist aus dem dürftig überlieferten Sprachschatze nur annähernd zu entnehmen. Der Ackerbau war ihnen höchstwahrscheinlich, die Getreidenahrung sicherlich schon bekannt, was wir aus den gemeinsamen Bezeichnungen für das Mahlen des Kornes[1]), Mähen, Pflügen, Säen etc. schließen können. Auch darf wohl mit Recht angenommen werden, dass nicht alle Stämme, welche die Heimat verließen, das ersehnte Ziel erreichten; gar manche Völkerschaft mag, ähnlich wie in viel späterer Zeit die Kimbern und Teutonen, in Kämpfen und Nöthen des Wanderlebens ein frühes Ende gefunden haben, und auch nicht alle, welche schließlich sesshaft wurden, sind aus äußeren oder inneren Gründen zur gleichen Culturhöhe emporgestiegen, wenn auch überall das gleiche Entwickelungsgesetz zutage tritt, gleichwie nicht jedes Menschenkind, das geboren wird, zur vollen Kraft und Reife gedeiht, und dennoch jedes, wenn es ihm gegeben ist, sich zu entfalten, den gleichen Entwickelungsgang durchlaufen muss, weil es durch die Naturgesetze seines physischen Daseins und die Bedürfnisse des täglichen Lebens in bestimmte, unabänderliche Bahnen gedrängt wird. So haben, um das Analogon fortzuführen, die Egypter kaum die Epoche des kräftigsten Mannesalters erreicht und auch den Griechen und Karthagern war es nicht vergönnt, in altersschwacher

---

[1]) Siehe Mommsen, Röm. Gesch., I., p. 16 ff., woselbst jedoch die Kenntnis des Ackerbaues während der Wanderzeit nur für Graeco-Italiker als sicher hingestellt wird. — Ed. Meyer, Gesch. d. Alterthums, 1893, II., p. 43: Bei dem indogermanischen Urvolke bildet die Viehzucht die Grundlage des Lebens, während der Ackerbau, wenn er überhaupt schon betrieben wurde, noch ganz in den Anfängen steht.

Thatenlosigkeit sich auszuleben. Nur allein das Römervolk, welches den Erdkreis besiegt hatte, durchlief alle Stadien wirtschaftlich-cultureller Entwickelung bis an sein natürliches Ende.

Auch über s e i n e ersten Anfänge fehlt uns auf lange Zeit hinaus jede sichere Kunde. Fast keine Überlieferung reicht über die Zeit des Zwölf-Tafel-Gesetzes zurück [1]). Und so können wir für die frühesten Epochen nur Schlüsse ziehen, welche sich theils an allgemeine Erwägungen, theils an Culturproducte anknüpfen, welche auch ohne traditionelle Erläuterung sich in spätere Zeiten hinüberretteten.

Ausgehend von dem wichtigsten und größten wirtschaftlichen Grundprincipe, das für alle Völker und Zeiten dasselbe bleibt: Der Sorge um die tägliche Nahrung, sehen wir die noch verbundenen Scharen der Graeco-Italiker ihre Urheimat verlassen und eine gewiss Jahrzehnte lange Wanderung beginnen. Während derselben treiben sie Ackerbau, was namentlich aus den bei den Graeco-Italikern besonders nahe verwandten Bezeichnungen für Acker, Pflug, Hirse, Gerste, Spelt etc., sowie der gleichen Form des Pfluges und der Bereitungsart des Getreides (puls — πόλτος) ersichtlich ist [2]), während von den lateinisch-griechischen Getreidenamen im Sanskrit nur ein einziger wiederkehrt [3]) und andere im Lateinischen speciell auf den Ackerbau sich beziehende Ausdrücke im Sanskrit eine weit allgemeinere Bedeutung haben [4]).

So muss also gerade während der Wanderungen der Ackerbau besonders entwickelt worden sein, ein Umstand, welcher die gewöhnliche Annahme, dass Übervölkerung der Grund zum Aufsuchen neuer Wohnsitze gewesen sei, widerlegen würde; denn wenn in Gegenden, welche das wandernde Volk durchzog, Acker genug vorhanden war, um alle zu ernähren, ja wohl auch noch, um Vorräthe bei Fortsetzung der Wanderung zur Verfügung zu haben, so muss mit Recht die Frage aufgeworfen werden, warum denn jene Völkerschaften insgesammt bereits besiedelte Landstrecken wieder

[1]) Siehe Ed. Meyer im Handwörterb. d. Staatsw., II. Suppl.-Bd., p. 663, Anm.

[2]) S. Mommsen, Röm. Gesch., I., p. 19. Auch die Ackermaße sind bei Italikern und Hellenen die gleichen. S. Mommsen, Röm. G., I., p. 21.

[3]) S. Mommsen l. c. p. 15.

[4]) S. Mommsen l. c. p. 16; so hat das lat. ager (= Acker), im Sanskrit agras, hier nur die allgemeine Bedeutung von Flur; lat. granum (= das zu mahlende Korn), sanskr. kûrnu, heißt nur das Zerriebene überhaupt; lat. aratrum (= der furchende Pflug), sanskr. aritram, heißt Ruder oder Schiff, weil es die Woge durchfurcht.

verließen? Ja selbst wenn wir den Blick nach weit späterer Zeit richten, aus welcher uns schon ziffermäßige Nachrichten über Kriegsheere, Gaubevölkerung etc. erhalten sind, so sind das immer noch unendlich geringe Zahlen im Vergleiche zu der ungeheueren Ausdehnung und Anbaufähigkeit der schon durchzogenen Ländergebiete.

Vielmehr dürfte der Grund jener langwierigen und sich beständig wieder erneuenden Wanderbewegungen in der nach öfterem Anbau immer stärker auftretenden Vergiftung des Getreides durch Mutterkorn und der daraus folgenden Brotseuche[1]) (lues) zu erklären sein. Auch die Auswanderungen, welche aus dem sonderbaren, von religiösen Gebräuchen umsponnenen Institute des ver sacrum[2]) erfolgten, mögen darauf zurückzuführen sein, zumal ja dieselbe Erde in späterer Zeit nachweislich eine weit dichtere Bevölkerung zu ernähren imstande war, Missernten und Hungersgefahren aber zu allen Zeiten eintraten, ohne dass sich deshalb gleich ein ganzes Volk zum Aufsuchen neuer Wohnsitze entschließen konnte. Schließlich aber mag man das Mittel gefunden haben, jenes Gift durch sorgfältiges Aussuchen des Samens auf ein Minimum zu reducieren und damit konnten die gewonnenen Länder dauernd gehalten, die Ansiedlungen stabil und ein sicherer Grund zu einem künftigen, alle kommenden Geschlechter erfassenden Culturleben gelegt werden.

Wie innig aber das Volk mit seiner wichtigsten und bedeutungsvollsten wirtschaftlich-culturellen Grundlage sich selbst verwachsen sieht, das zeigt sich deutlich aus den bis in die spätesten Zeiten hineinragenden Resten des ursprünglichen Wirtschaftslebens: Dem Wachsen des Volkes aus der Mutter Erde durch den sprossenden Samen der alles ernährenden Halmfrucht[3]).

Die ältesten latinischen Volksnamen bezeichnen den

---

[1]) Ruhlands Brotseuchen-Theorie.

[2]) Auch fast alle religiösen Culte und ältesten Gebete zu den ursprünglich verehrten Gottheiten enthalten die Bitte um Abwehr der Seuche. Ersichtlich aus den Beschreibungen der Götter in der alten Culte in Preller, Röm. Mythologie: z. B. Gebet an Mars und die Laren bei der Ceresfeier im Mai, II., p. 30—34, ferner 41—54, wo vom Kornbrande (robigo = Rothfuchs genannt) und seiner Beschwörung die Rede ist. Robigo ist auch eine Gottheit, welche den Brand bringt, wie auch verhütet. Dazu Plin. XVIII., 285; über ver sacrum Preller l. c. 118 ff. in der dort angef. Literatur: Marquardt Handbuch, IV., p. 232 und Schwegler, Röm. Gesch., I., p. 240 ff., Nissen templum p. 154.

[3]) Deshalb nennen die ältesten griechischen Ausdrücke die Gewinnung von Kindern selbst: Ernte, s. Mommsen, Röm. Gesch., I., p. 24, Anm.

Stamm als den der Schnitter (Siculi) oder als den der Feld-
arbeiter (Opsci), und bei Italikern wie Hellenen knüpfen Sage
und Glaube, Gesetz und Sitte durchwegs an den Ackerbau an [1]):
Romulus gründet die Stadt, indem er zuerst mit dem Pfluge
die Furche zieht um jene Stelle, welche künftighin der Mauer-
ring umschließen soll; diese Form der Städtegründung ist
geblieben, als auch das Volk sich seiner tiefen Bedeutung im
Wirtschaftsleben, der unmittelbaren Nahrungsmittelversorgung
im eigenen Bereiche schon längst nicht mehr bewusst war [2]).
Die bei der Ehe zunächst betheiligten göttlichen Wesen sind
Ceres, die Beschützerin der Halmfrucht, und Tellus, die Erde [3]);
und die älteste Eheform selbst, die confarreatio [4]), nimmt Namen
wie Gebräuche [5]) vom Kornbau.

II. Hauswirtschaftliche Epoche der Italiker.

So erscheinen uns denn in den frühesten Zeiten die
italischen Stämme als in sich selbst abgeschlossene, sich selbst
genügende Wirtschaftskörper, noch unberührt vom Verkehre
mit fremden Elementen; aber nur wenige in späterer Zeit noch
erhaltene Einrichtungen [6]) lassen uns die innere wirtschaftliche
Organisation erkennen, welche zweifellos das Gepräge der Hauswirtschaft trägt und weit vor dem Jahre 1060 v. Chr. beginnt [7]).
Es ist wohl als sicher anzunehmen, dass die drei Stämme,
in welche Roms Bevölkerung zerfällt, die Ramnes, Tities und
Luceres, die ursprünglichen großen, auf Blutsverwandtschaft
beruhenden Verbände [8]) darstellen, welche gemeinsam wirtschaften, gemeinsames Ackerland bebauen und durch ihre Zahl
der häuslichen Arbeitstheilung gerecht werden können, um alle
Mittel zur nothwendigen Bedürfnisbefriedigung herstellen zu können.

---

[1]) S. Mommsen I. c. I., p. 21; Faunus, ein Abkömmling des Mars
und Vater des Latinus, galt in der Sage als Begründer der Landescultur
in Latium. S. dar. Preller, Röm. Mythol., I., p. 334.

[2]) S. dar. Cato fr. 18, Plutarch Röm. 11, Dion. Hal. I., 88, Ed. Meyer,
Gesch. des Alterth., II., p. 524/5.

[3]) S. Rossbach, Röm. Ehe, p. 257, 301 und Plutarch Romul. 22.

[4]) Far = Spelt, farreum = Kuchen daraus (panis farreus) farreo-are
heißt backen, aber auch heiraten, Ehe stiften; über confarreatio insbes.
Preller, Röm. Mythol., I., p. 130 ff. und die dort angef. Quellen.

[5]) Das Rituell besteht hauptsächlich in einem feierlichen Opfer von
panis farreus.

[6]) S. Ed. Meyer, Gesch. d. Alterth., II., p. 510.

[7]) Ed. Meyer, Gesch. d. Alterth., II., p. 506 7.

[8]) S. Ed. Meyer, Gesch. d. Alterth., II., p. 510 ff.

Ihre Unterabtheilungen bilden die gentes[1]) (Geschlechter, Sippen). — Jede der drei genannten Tribus besteht
aus zehn Opfer- und Speisehäusern (curiae, dem Gegenbild der
griechischen Phratrien)[2]) und stehen unter dem Schutze der
Juno curis. In den 30 Speisehäusern versammeln sich die Genossen
zum Mahle[3]), welches aus geröstetem Spelt besteht, eine ursprünglich aus gemeinsamer Wirtschaft entstandene Einrichtung, welche
als religiöser Brauch bis in die späteste Zeit fortlebt. An diese
Thatsachen anknüpfend, leitet Eduard Meyer auch den Namen
des Römervolkes: Quiriten aus curia her[4]). Quiriten wären
demnach die Mitglieder der ältesten, gemeinsam lebenden
Genossen der großen Sippenverbände, also Brotgenossen, die
Gemeinwirtschafter. Es ist wohl selbstverständlich, dass derartige
große Genossenschaften, deren enger und dauernder Zusammen-
schluss bei Wanderungen und Kriegen leicht erklärbar ist, im
Frieden der Sesshaftigkeit und bei der nothwendigen räumlichen
Entfernung der einzelnen Ansiedlungen bald zerfallen. Und wäre
nicht bei den Römern mit dieser uralten Verbandsform auch
politische[5]) und infolge der Besiedlungsorte, deren Namen sich
vielfach erhielten, auch locale Bedeutung verknüpft worden, so
hätte sich wahrscheinlich die verworrene, den Alten selbst nicht
mehr in ihrer tiefen Bedeutung verständliche Kunde dieser Verhältnisse erhalten. Und doch lässt gerade auch die politische
Bedeutung der alten Curienversammlung einen Blick auf die
wirtschaftliche Organisation jener Zeit zu: Die Curien haben
ihre Zustimmung zu den von ihren Mitgliedern gewünschten
Testamenten und Adoptionen[6]) zu geben. Auch darin zeigt sich
indirect wieder die hauswirtschaftliche Epoche[7]). Gerade die
wichtigsten, auf das Eigenthum und die Erbfolge, ja überhaupt

---

[1]) Am besten wohl mit dem deutschen Worte Sippe zu übersetzen,
mit welchem Begriffe es sich auch in seiner wirtschaftlichen Bedeutung
vollkommen deckt. Gewöhnlich übersetzt man Gentes mit: Geschlechter.

[2]) Ed. Meyer l. c. II., p. 513; Die Gaugenossen sind somit Brotgenossen (companio von cum panis = miteinander Speisende; deutsch:
Kumpan; goth.: Geleipo von hlaif = Laib = Brot).

[3]) Insbesonders beim Feste der Fornacalia; s. dar. Preller, Röm.
Mythol., II., p. 7 ff.

[4]) Und nicht wie bisher immer aus quiris = Lanze; zumal diese
Art der Bewaffnung den Römern nicht einmal eigenthümlich war.

[5]) Nach Curien versammelt sich das Volk zur Abstimmung; für
formelle Acte hat sich diese Versammlung bis in späte Zeit erhalten; s. d.
Ed. Meyer, l. c. II., p. 511.

[6]) Sogenannte arrogatio.

[7]) Über die Wirtschaftsformen und -Epochen im allgemeinen (hauswirtschaftliche, stadtwirtschaftliche und volkswirtschaftliche Organisation)
s. Büchers Entstehung der Volkswirtschaft, 2. Aufl., Tübingen 1898.

auf die innere Familienorganisation weit mehr als nach
außen, auf die Gesammtbürgerschaft, den Staat, wirkenden
Rechtshandlungen unterliegen der Aufsicht und der Zustimmung
der Genossen, während in der späteren Zeit bei fortschreitender
Atomisierung der Gesellschaft in Familien mit dem Interesse,
das andere an derartigen Rechtsgeschäften haben können, die
Curienzustimmung für Testamente sehr bald ganz verschwindet,
für Arrogationen allerdings noch ziemlich lange Zeit hindurch,
jedoch nur mehr als reiner Formalact fortbesteht. Da aber
nichts ohne Grund erscheint, so müssen bei dem Entstehen der
Curienzustimmung für Testament und Adoption jedenfalls noch
die Curiengenossen ein sehr weitgehendes Interesse an den
Kindern und dem Vermögen ihres Mitgliedes gehabt haben:
und das ist nur möglich, wenn sie selbst die Familie, den
Complex innigst verknüpfter Blutsverwandter repräsentieren,
und dies ist wieder nur dort der Fall, wo eine Wirtschaftsorganisation herrscht, welche all ihren Lebensbedarf, Nahrung,
Kleidung, Werkzeuge etc. [1]), aus und in sich selber schaffen
muss, wobei sie entweder auf einen Tauschverkehr überhaupt
nicht oder wenigstens nicht auf regulären rechnen darf, welcher
eine ständige Quelle von im Hause nicht erzeugten Gütern
abgeben würde [2]). Und so wenig wie in der Ehe bis auf unsere
heutige capitalistische Wirtschaftswelt und selbst da für das
interne Leben praktisch kaum hervortretend eine Güterabsonde-
rung zwischen Mann und Weib stattfindet, ebenso besitzen in
jener Urzeit die einzelnen Familien kein gesondertes Ackerland [3]),
weil sie den Acker nicht als Capitalwert schätzen können,
sondern nur als Mittel zur Nahrungsversorgung. Diese aber
bleibt sich gleich, ob nun der Vater oder Söhne, die Vettern
oder Oheime die Bestellungsarbeiten vornehmen, wenn nur jeder,
der auf andere Weise, etwa mit dem Ausbessern einer Hütte
oder der Verfertigung von Waffen etc. thätig ist, seinen Nahrungs-
antheil erhält. Die ganze Sippe bildet eben eine große Familie für
sich, die entsprechend der vielen verschiedentlichen Dinge, welche
das Leben täglich fordert, über umsomehr Arbeitskräfte verfügen
muss, als diese ungeübt und mit geringen Mitteln zuwerke gehend
bedeutend mehr Zeit zu den einzelnen Arbeiten brauchen mussten,
als wir uns heute bei unseren arbeitstheiligprofessionell gebildeten
Handwerkern mit guten Werkzeugen vorstellen können

[1] S. Plin. N. H. 18. 40 u. 18. 19. cit. b. Marquardt. Privatleben der
Römer. II., p. 390 ff., Helbig. Die Italiker in der Po-Ebene. Leipzig 1879.
p. 77—97.
[2] Bücher l. c. insbes. p. 60 ff.
[3] Cicero de rep. 2. 9. 14.

Noch bevor die ersten geschichtlichen Nachrichten einsetzen, sind diese großen Verbände in ihrem inneren wirtschaftlichen und familienähnlichen Zusammenhange in Rom bereits zerfallen, in Unteritalien jedoch finden wir sie noch im 5. Jahrhundert in vollem Leben[1]), während sie sich in Rom nur mehr, wie bereits erwähnt, in ihrer politischen und localen Bedeutung erhalten haben, indem wahrscheinlich einerseits der längere Frieden der Sesshaftigkeit das Band lockerte, und anderseits durch zeitweilig entbrennende Kämpfe mit Nachbarn der wirtschaftenden Einheit durch die Kriegsgefangenen soviel Arbeitskräfte in Form von Sclaven zufielen, dass die Curie nunmehr durch den kleineren Gentilenverband ersetzt werden konnte[2]).

Im großen und ganzen können wir auch an diesem dieselben Kriterien nachweisen wie vorher an den drei ältesten Tribus. Auch die gens, welche nunmehr die wirtschaftende Sippe darstellt, hat ein bedeutendes Interesse an ihrem Grundeigenthume, das den Sippengenossen nicht geschmälert werden darf. Deshalb tritt ihr Erbrecht gegen den aus ihrem Verbande Verstorbenen besonders scharf hervor[3]). Auch sie hat ihr gemeinsames Ackerland, wie aus den erhaltenen Benennungen ersichtlich[4]), und das feste innere Band, das diese Sippen noch umschließt, zeigt sich deutlich in dem vereinten Kampfe und Untergange der gesammten gens Fabia im Jahre 477 v. Chr. an der Cremera. Wie sie gemeinsam im Frieden wohnten und den Acker bestellten, so kämpften und starben sie auch gemeinsam im Kriege.

Aber auch die Organisation der Einzelfamilie erweist ganz unverkennbar den ursprünglich hauswirtschaftlichen Charakter der altrömischen Wirtschaftsorganisation. Überall, wo das Grundprincip eines Volkslebens noch in dem Stadium der Güterversorgung im Familien- und Hausbereiche sich bewegt, wo noch keine Arbeitstheilung und folglich auch gar kein oder doch

---

[1]) S. Ed. Meyer, Gesch. d. Alterth., II., p. 512.

[2]) S. dar. Schmoller, Über Wesen und Verfassung der großen Unternehmungen, enthalten in: Zur Social- und Gewerbepolitik der Gegenwart, Reden und Aufsätze, Leipzig 1890, p. 376.

[3]) Nach dem Zwölf-Tafel-Gesetze, 451 v. Chr., steht es in 3. Linie, doch kommen immer nur Agnaten (d. s. durch Abkunft von einem gemeinsamen Vater Verwandte) zur Erbschaft, so dass diese in der Gens verbleibt. Aus demselben Grunde verheiratete man Töchter natürlich meist innerhalb der Gens. In der Kaiserzeit ist das Gentilen-Erbrecht natürlich nicht mehr praktisch.

[4]) Z. B. fundus Cornelianus, das Eigen der Cornelier; von der claudischen Mark ist es direct überliefert, dass sie aus der Ansiedlung der claudischen Gens (Sippengenossen) am Anio erwuchs; s. dar. Mommsen, Röm. Gesch., I., p. 35, woselbst noch andere Beispiele angeführt werden.

8

kein regulärer Güteraustausch zwischen fremden Wirtschafts-
einheiten untereinander stattfindet, dort muss, ähnlich wie heutzutage in einer Fabrik, eine möglichst große Zahl von Arbeits-
kräften unter einheitlicher Leitung zur Verfügung stehen. Der
Unterschied liegt nur darin, dass die Fabrik eine ungeheuere
Masse eines völlig gleichartigen Productes (etwa nur Messer)
erzeugt, während die in sich geschlossene Wirtschaftseinheit
zwar eine Unzahl von Producten, aber jedes nur in ganz geringer
Quantität zu erzeugen hat (etwa einige Messer, einige Gewebe
für Kleidung, einige Äxte, einige Fischangeln etc.). Es ist also
klar, dass eine Familie wie mit der geringen Personenzahl der
heutigen diese Arbeit nicht leisten kann, zumal, wenn etwa mit
einer gewissen Altersstufe die Söhne großjährig würden und
den Familienverband verließen und außerdem noch der Hausvater eine nur so geringe Macht über die Familienglieder hätte,
wie ihm durch unsere heutigen Gesetze zugestanden wird.
Deshalb hat der römische Hausvater in der sogenannten patria
potestas eine echt patriarchalische Gewalt über alle seine
Familienglieder, die ihm in den frühesten Zeiten sogar Recht
über Leben und Tod gewährt, die es ihm freistellt, Söhne und
Töchter als Sclaven zu verkaufen und die ihm vor allem andern
die Möglichkeit gewährt, jedes Familienglied für sich arbeiten
zu lassen, soviel und solange er will; denn der Sohn kann nicht
den Familienverband verlassen, wenn er erwachsen ist. Er bleibt
unter der sclavischen Botmäßigkeit des Vaters, bis dieser stirbt.
Ja das älteste Recht kennt nicht einmal eine Form, den Sohn
absichtlich freizulassen; mag auch der Vater damit einverstanden
sein und ihm ein gesondertes Vermögen factisch zuweisen: Der
Sohn bleibt mit seiner Familie und seiner Habe Eigenthum des
Vaters. Deshalb kennt auch das ältere Recht die Dienstmiete
(locatio operis und operarum) noch nicht als klagbar; denn die
menschliche Arbeitskraft ist in der hauswirtschaftlichen (hauptsächlich agricole Producte erzielenden) Wirtschaftsorganisation
weder als differenciert, noch als besonders qualificiert, noch nach
kurzen Zeitabschnitten ihrer Benützung, sondern nur in ihrer
Totalität[1]) geschätzt. Ganz anders liegt das Verhältnis, wo

[1]) Ihering, Geist des röm. Rechtes, 4. Aufl., II./2 Leipzig 1883,
p. 431—435, erkennt ganz richtig dieses Schätzen der Arbeit nur nach
ihrer „Totalität" und den Mangel der „juristischen Ablösung der einzelnen geistigen oder körperlichen Arbeitsleistung von dem Arbeiter, die
Erhebung derselben zu einem rechtlichen Tauschobjecte in Form des klag-
baren Dienstvertrages". Aber der oben dargelegte wirtschaftliche Grund,
welchem diese Eigenthümlichkeit entspringt, ist dem großen Juristen ganz
und gar entgangen, wenn er angesichts der citierten Betrachtung die
Frage aufwirft: „War diese Idee der alten Zeit zu hoch oder überhob

einmal gewerbliche Arbeit sich als Erwerbszweig bildet. Dort
steht der Arbeiter außerhalb derjenigen Wirtschaft, für die er
im einzelnen Falle produciert, und folglich muss diese Wirtschaft auch die kurzen Zeiträume der Benützung einer fremden
Arbeit, somit einzelne Arbeitsacte, schätzen und entlohnen lernen;
denn die Zeit zur Erzeugung eines einzelnen gewerblichen
Productes ist naturgemäß eine sehr gemessene, die Arbeit eines
Menschen hingegen, welcher in eigener Wirtschaft alle Bedürfnisse befriedigen muss, eine ununterbrochene, nur in ihrer
Gesammtleistung wirksame Wenn dann in späterer Zeit eine
andere Wirtschaftsorganisation eintritt, welche den besprochenen
Familien-Arbeitsverband entbehrlich macht, indem es bereits
möglich ist, zeitlebens nur ein oder nur einige bestimmte Producte
zu erzeugen und diese im Verkehrswege gegen alles andere
zum Leben Nöthige einzutauschen, und folglich auch das
Bedürfnis öfter und im höheren Maße eintritt, einen Sohn aus
der väterlichen Gewalt zu entlassen: Da hat das gegen den
wirtschaftlichen Entwicklungsgang zurückgebliebene Recht noch
keine Formel dafür gefunden und mit einem Umwege muss an
die Strafbestimmung des XII. Tafel-Gesetzes [1]) angeknüpft werden,

das Institut der Sclaverei dieselbe der Nothwendigkeit, der Arbeit Anerkennung und Rechtsschutz zu gewähren?" Dass die Idee der Anerkennung
des einzelnen geleisteten Arbeitsactes den Römern von damals zu hoch
gewesen sei, ist schon deshalb nicht anzunehmen, weil eben dieselben
Römer doch in späterer Zeit den Begriff mit Leichtigkeit zu formulieren
vermochten (Schule der Proculianer). Überhaupt aber ist es ein Irrthum, zu
glauben, dass der abstracte Rechtsbegriff erst logisch construiert werden
müsse und dann erst die wirtschaftliche Verkehrsinstitution sich darauf
aufbaue; m. a. W.: Nicht die Wirtschaft wird vom Recht, sondern das
Recht von der Wirtschaft geboren, und alle Rechtsbegriffe sind als wirtschaftliche Thatsachen vorhanden, ehe das Recht sich die Mühe nehmen
muss, ihren Geist zu erfassen, ihr Wesen logisch als Begriff und Ordnung
zu abstrahieren und so dem nackten Factum zu einem zweiten, gesonderten
geistigen Dasein als Rechtsinstitut zu verhelfen. Das geistige Wesen eines
bereits vorhandenen wirtschaftlichen Gebildes zu abstrahieren, ist leicht.
Abstrahieren ist kein Construieren. Aber auch die zweite Frage, ob an
diesem Mangel die Sclaverei Schuld trage, muss verneint werden. Es ist
einfach die hauswirtschaftliche Organisation, welche des differencierten,
specialisierten Arbeitsactes noch nicht bedarf. Zur damaligen Zeit aber
hat die Sclaverei noch nicht jene Bedeutung gehabt wie nach den punischen
Kriegen. Ja es ist uns direct und glaubhaft überliefert, dass die Römer
ursprünglich nur sehr wenige Sclaven hatten. (Plin. N. H. 33, 26; Val.
Max. 4, 4, 11; Juvenal. 14, 168: Unus vernula, tres domini.) Aber selbst
die Institution der Sclaverei könnte noch absolut nicht erklären, warum
auch beim Haussohne, welcher nie volljährig wird, und der Haustochter,
ja selbst bei der Gattin dasselbe Verhältnis wiederkehrt, da sie alle nur
in ihrer Totalität erfasste und geschätzte Arbeitskräfte sind.

    [1]) Pater, si filium ter venumdedit, filius a patre liber esto!

worin ein Vater, der seinen Sohn dreimal verkauft hat, der
väterlichen Gewalt verlustig und der Sohn frei erklärt wird.
Man verkauft also den freizulassenden Sohn zum Scheine an
einen Freund, der ihn sofort an den Vater zurückverkauft,
damit dieser das Spiel wiederholen kann, bis die gewünschte
Wirkung eintritt.

Genau so liegt anfangs das Verhältnis bei den Sclaven:
Auch für sie gibt es keine Freilassungsform und als allgemeine,
jederzeit zur Verfügung stehende kann nur der Scheinprocess
angewendet werden, bei welchem ein mit dem Herrn des Sclaven
Einverstandener vor dem Prätor als Richter behauptet, dass der
Sclave ein freier Mann sei. Der Eigenthümer schweigt dazu,
anstatt wie im wirklichen Processe zu widersprechen. Nun fällt
der Prätor das Freiheitsurtheil[1]). Am frühesten aber emancipiert
sich die Ehefrau von der patriarchalen Familienhoheit des Gatten
oder des Schwiegervaters, falls ihr Mann selbst noch unter väter-
licher Gewalt stünde; ein deutliches Zeichen, dass die ursprünglich nothwendig geschlossene Arbeitsgenossenschaft der Familie
unnöthig wird.

Ebenso deutlich weist den ursprünglich hauswirtschaftlichen
Charakter der italischen Wirtschaft die Ackergemeinschaft und
Eigenthumsübertragung, die mancipatio, nach. Das Wort kommt
von manu capere (mit der Hand ergreifen), woraus ersichtlich
ist, dass ursprünglich nur bewegliche Dinge Gegenstände des
Eigenthums und der Eigenthumsübertragung waren, weshalb
man, als auch Grund und Boden in den Kreis zu veräußernder
Wertstücke eintritt, eine symbolische Form dieser „Handanlegung"
eintreten lässt, indem man eine Scholle des betreffenden Grund-
stückes zum Verkaufsacte holt oder die Sache genau beschreibt[2]).

---

[1]) Die beiden anderen Freilassungsformen sind späteren Ursprungs.
Die per testamentum kann, da das Testament selbst erst eine spätere
Errungenschaft ist, auch erst mit oder nach dieser aufgekommen sein, und
die per Censum setzt auch schon eine spätere Culturstufe voraus, wo der
Staat bereits genaue nominativ zu führende Bürgerverzeichnisse anlegt.
Erst die späteste Zeit kennt die Ausstellung eines einfachen Freiheitsbriefes
(manumissio per epistolam).

[2]) Genau wie im deutschen Mittelalter zeigt auch diese alt-feierliche
Form des Kaufes mit ihrer schwerfälligen Form einerseits die für die hauswirtschaftliche Epoche charakteristische Seltenheit des Kaufes, andererseits
das Streben nach Öffentlichkeit, indem außer dem Veräußerer und Erwerber
noch sechs römische Bürger nöthig sind (fünf als Zeugen und ein gelernter
libripens als unparteiischer Zuwäger des als Kaufpreis bestimmten Kupfers.
Übrigens ist diese Form, wie das Vorkommen der Wage erweist, welche
erst König Servius erfunden haben soll, nicht einmal allerältesten Ursprungs.
Auch die Zahl der Zeugen (5) weist auf die Zahl der servianischen Classen;
s. dar. Mommsen l. c. I., p. 151.

An dieser kann dann der Käufer die nothwendige Ergreifung vornehmen. Übrigens weiß die römische Rechtsüberlieferung selbst zu berichten, dass das Vermögen anfangs nur in Vieh und Bodenbenutzung bestand, und erst später das Ackerland unter die Bürger als Sondereigenthum aufgetheilt wurde[1]), denn die dem Romulus zugeschriebene Anweisung von je zwei Jugera[2]) Land an die einzelnen Bürger zum gesonderten Eigenthume sind nur als den Hof unmittelbar umgebendes Gemüse- und Gartenland zu verstehen, weil eine Familie von einem so kleinen Besitz nicht hätte leben können[3]) und überdies bei dem damals jedenfalls noch vorhandenen Überfluss an Ackerland kein Grund vorhanden gewesen wäre, die Bauernhöfe auf ein kaum lebensfähiges Minimum herabzudrücken[4]). Vielmehr ist dies entweder der Anfang des Privateigenthums an Grund und Boden, indem dieses mit der den Hof unmittelbar umgebenden kleinen Parcelle beginnt, welche nicht der gesammten einheitlichen und gleichartigen Nahrungsversorgung der Sippe gewidmet ist, sondern speciell der einzelnen Familie für den Hausbedarf an Gemüse, Obst etc. dienen soll[5]), oder es ist dieses 2 Morgen große Ackerland eine Parcelle, welche, nachdem sich bereits das Eigenthum in adeligen Groß- und bäuerlichen Kleinbesitz differenciert hat, den freien und ärmeren Leuten, welche die Äcker der großen Besitzer bestellen, als Privateigenthum zugewiesen wird[6]).

Alle diese oben besprochenen Institute, welche das Vorhandengewesensein einer hauswirtschaftlichen Epoche bei den Römern und übrigen Italikern nachweisen, und welche insgesammt in späterer Zeit entweder ganz verschwinden oder doch in ihrer Bedeutung sich völlig verändern, machen schon eben dadurch den Übergang zu einer neuen, fortgeschrittenen Wirtschaftsepoche ersichtlich, und damit ist auch schon dem Lehrgebäude Rodbertus, welcher der ganzen antiken Welt vom Anfange bis zum Niedergange hauswirtschaftlichen Charakter vindicieren will, eine kaum zurückzuweisende Widerlegung geboten[7]).

Eine nähere Beschreibung der hauswirtschaftlichen Epoche

---

[1]) Cicero de rep. 2. 9, 14, ebenso Dionys 1, 7, 2, 74; beide bei Mommsen l. c. I., p. 184. angeführt.

[2]) 1 Jugerum = 1 preußischer Morgen.

[3]) Wie schon Mommsen l. c. I., p. 184, schlagend nachweist.

[4]) Mommsen l. c. I., p. 185, nimmt die Normalhufe mit circa 20 Jugera (preuss. Morgen) an.

[5]) Wie Mommsen l. c. I., p. 184, annimmt.

[6]) Wie Ed. Meyer, Gesch. d. Alterth., II., p. 519, annimmt.

[7]) Es wird im Laufe der Darstellung noch öfter und genauer darauf zurückzukommen sein. Es sind dies die Aufsätze über die römischen Tributsteuern in Hildebrands Jahrbuch; s. bes. VIII., p. 446 ff.

ist bei den Römern mangels jeder genaueren Überlieferung unmöglich. Insbesonders lässt sich auch nicht mehr constatieren, ob und eventuell welche Rolle in diesen frühen Zeiten der Tausch[1]) gespielt habe, und auch nur wenige Anzeichen lassen uns die Art des Überganges in die nächsthöhere Periode wirt- schaftsgeschichtlicher Entwicklung ersehen. Soviel aber ist sicher und als Charakteristik der bisher geschilderten Verhältnisse anzu- nehmen: Noch ist das Volk wie jeder Einzelne in seinem wichtigsten aller Bedürfnisse, der täglichen Nahrung, welche bei den Römern fast ausschließlich aus Getreide besteht[2]), ganz auf sich selbst, auf seine eigene Wirtschaft angewiesen, noch gibt es kein Abhängigsein der Einzelwirtschaften von fremden Einzelwirtschaften innerhalb desselben Volksverbandes, geschweige denn ein Abhängen des gesammten Volkes von fremden Völkern bezüg- lich jenes ersten und höchsten wirtschaftlichen Grundprincips.

III. Übergang und stadtwirtschaftliche Periode.

Es ist naturgemäß, dass im Verlaufe der Zeit Verschie- bungen in den oben geschilderten Eigenthumsverhältnissen der Gens eintreten müssen. Schon die Vermehrung der Bevölkerung und die Acquisition unfreier Arbeitskräfte in Form von Kriegs- gefangenen mag zuerst eine Verselbständigung der Familie gegenüber dem Sippenverbande der Gentilen und damit auch eine Auftheilung des gemeinsamen Eigenthums bewirkt haben. Damit ist auch schon die Grundlage von Besitzverschiedenheit gegeben: Manche Gens wird zur Zeit der Theilung aus weniger Familien bestanden und somit der Einzelne ein größeres Grund- eigenthum erhalten haben, manch andere Gens durch den auf

---

[1]) Der Tausch als solcher widerspricht der Hauswirtschaft keines- wegs. Ja dieselbe muss wohl, wenn man ihre primitiven Erzeugnisse in Betracht zieht, ganz besonders geneigt sein, im Tauschwege namentlich Werkzeuge, welche eine vorgeschrittenere Technik voraussetzen, zu erlangen. Bezeichnend für die Hauswirtschaft aber ist, dass sie noch keine für einen derartigen Austausch besonders organisierte Einzelwirtschaften besitzt. S. Bücher, Entstehung d. Vwsch., p. 88. S. auch Ad. Wagners Besprechung von Büchers Entstehung d. Vw. Tübinger Zeitschr. 1894. Bd. 50, p. 352 ff.: Könnte man nicht lieber von vorherrschend agrarischer (statt „hauswirt- schaftlicher") Stufe sprechen?

[2]) Plinius N. H. 18, 83; s. auch Marquardt, Privatleben der Römer, II., p. 415, Friedländer. Sittengesch., I., p. 57, 261. Später trat auch Gemüse zur gewöhnlichen Nahrung hinzu: Plin. N. H. 19, 52.

diesem Verbande schwer lastenden Kriegsdienst decimiert[1]) worden sein, womit wieder kraft des Erbrechtes auf die Überlebenden eine große Masse von Besitz zurückfallen musste. Ebenso naturgemäß ist auch, dass der höhere Besitzstand auch höhere Macht und Ansehen schafft, und so ist es bei den Römern, wie überall, wo ein Volk seine Herrschaft und Wirtschaft auf den reinen Grundbesitz aufbaut, zur Entwickelung eines Stammadels gekommen[2]). Jetzt erst wird die Gens aus der patriarchalen Sippe zum Geschlecht, welches Träger des Adels bleibt. An den Stammsitzen des Adels concentriert sich nunmehr das Leben. Aus ihnen ist wohl auch die Stadt Rom erwachsen, und sie haben der ganzen späteren wirtschaftlichen und politischen Entwicklung den Grund gelegt: Zum erstenmale erscheint das Capital in der Wirtschaftsgeschichte, und zwar in seiner ursprünglichsten Form: Als differenciertes Eigenthum an Grund und Boden. So entstehen Wirtschaften, welche über bedeutende Überschüsse an agricolen Producten verfügen können; in ihrem Gebiete sammeln sich Leute, welche infolge dieser abgebbaren Überschüsse an Producten des Ackers ihr Leben ganz und gar einer gewerblichen Thätigkeit widmen und folglich durch Zeit und Übung weit bessere und höher qualificierte Erzeugnisse schaffen können, als vorher in der rein hauswirtschaftlichen Epoche möglich sein konnte, wo jeder sein eigener Feldbesteller, aber auch zugleich

---

[1]) S. Mommsen, Röm. Gesch., I., p. 87 u. 57, wiewohl es ein gewaltiger aus der gewöhnlichen falschen Anschauung, dass die Plebejer keine Bürger gewesen seien, sich herleitender Irrthum ist, dass nur die Patricier Kriegsdienste leisteten (s. unten p. 10, Anm. 1). Schon die geringe Zahl der Adeligen widerlegt diese Anschauung vollständig. Immerhin aber sind sie als Anführer und Vorkämpfer der Gefahr mehr ausgesetzt als der große Haufe.

[2]) So einfach, naturgemäß und fast überall unter gleichen Anfangsbedingungen wiederkehrend (so bei den Griechen und Deutschen) diese Adelsentwicklung inmitten eines Volkes ist, ebensosehr ist sie gerade bei den Römern verkannt und auf die naturwidrigsten Arten erklärt worden. Nach Mommsen, Röm. Gesch., I., p. 85 u. 89, und Staatsrecht, III., entsteht die Plebs (doch naturgemäß der allergrößte Theil der Bevölkerung!) aus Hörigen und Freigelassenen, obwohl gerade zur damaligen Zeit gar kein wirtschaftlicher Grund zu Freilassungen vorlag und auch, wie uns ausdrücklich überliefert ist, ursprünglich die Zahl der Sclaven sehr gering war (Plin. N. H. 33, 26). Nach Niebuhr sind die Patricier Altbürger, die ursprünglich alleinigen Bürger des Staates, während die Plebs sich aus Beisassen und unterworfenen Latinern recrutiert haben. Richtig dagegen Ed. Meyer im Handwtb. d. Staatswissensch., II. Suppl.-Bd., p. 600 ff., und Gesch. d. Alterth., II., p. 516. Damit soll allerdings nicht geleugnet sein, dass zur Plebs auch Clienten und Fremde, z. B. unterworfene Latiner, ab und zu wohl auch Freigelassene hinzutreten mochten.

sein eigener Schmied, Weber, Töpfer, Schneider, Gerber, Schuster etc. gewesen war. Der grundbesitzreiche Adel unterstützt diese Leute aufs beste, denn ihm sind ihre Erzeugnisse weit wertvoller als die in seinen wie in den Bauernwirtschaften der Umgebung im Überflusse vorhandenen Naturalien. So schreitet die Arbeitstheilung und damit auch die Bevölkerungsansammlung vorwärts und es entsteht die Stadt. Zu dem Gewerbetreibenden kommt schließlich auch noch der Händler und beide wissen ihren Vortheil zu wahren.

Es ist sehr wahrscheinlich, dass auch in Rom dieser Übergang zur ersten arbeitstheiligen Organisation, bei welcher fremde Einzelwirtschaften systematisch einander ihren Bedarf an Gütern liefern[1]), erfolgt ist an den Höfen der großen Grundbesitzer, deren Wirtschaft und Einkommen an Naturalien ein genügend großes war, um zuerst einzelnen ihrer Knechte und Clienten[2]) die Möglichkeit einer gewerblichen Thätigkeit zu bieten. Und wenn wir der alten Überlieferung Glauben schenken dürfen, so fehlt es uns auch nicht an einem Beweise: Romulus, der erste König von Rom, erließ ein Gesetz, nach welchem die römischen Bürger, kein niederes und unedles Handwerk treiben sollten. Derartige Beschäftigungen seien den Sclaven zu überlassen, Ackerbau und Viehzucht dagegen den Römern erlaubt[3]). Darnach können wir urtheilen, dass auch in

---

[1]) Arbeitstheilige Organisation ist in mancher Hinsicht auch bei der Hauswirtschaft vorhanden, nur bleibt da die Arbeitstheilung innerhalb der Sippe oder der durch fremde Arbeitskräfte vermehrten Familie (darum heißt der Sclavenbesitz: Familia), d. h. innerhalb ein und derselben Einzelwirtschaft.

[2]) Clienten sind ganz dasselbe, was die deutschen Hintersassen an den großen Gütern waren: d. h. ursprünglich freie kleinere Bauern, welche, durch den Kriegsdienst oder andere Ereignisse materiell heruntergekommen, sich in die „Munt" eines Reichen begeben und von ihm gegen Naturalleistungen Grund zur erblichen oder doch de facto unkündbaren Pacht erhalten.

[3]) Dionys. Halic. Antiquit. II., 28, p. 286 R. und II., 7, 9, p. 254; Ersch und Gruber, Allg. Encyklopädie der Wissenschaft und Künste, Leipzig 1828, Artikel „Handwerk", p. 152 ff.; fügen hinzu: „Jedoch scheint dieses Gesetz keine starke Wirkung gehabt zu haben, da wir unter Numa (in der Sage Nachfolger des Romulus) so viele Handwerker in Rom finden, dass es fast scheint, als hätten die meisten Römer solche getrieben." Da uns genau dieselbe Sage das Aufblühen der Handwerker unter Numa meldet, so kann wohl nicht mit Bücher (Die Aufstände der unfreien Arbeiter 143—129 v. Chr., Frankfurt a/M. 1874, p. 10 ff.) angenommen werden, dass „die Verachtung der Arbeit als seit alters eingebürgerte Anschauug" den gebildeten Griechen „Dionys. Halic." (also quasi ex post) bewogen habe, zu behaupten: „schon Romulus habe die Handwerker von der Theilnahme am Staate ausgeschlossen."

Rom das gewerbliche Leben seinen Anfang nimmt mit der Arbeit von unfreien oder halbfreien Hintersassen, und darum zuerst auch als des Bürgers unwürdige Beschäftigung erscheint. Ganz übereinstimmend mit diesem nothwendigen Entwickelungsgange[1]) meldet dieselbe Königssage, dass Numa Pompilius, Roms zweiter Beherrscher, schon so viele Handwerker vorfand, dass er sie in acht Zünfte vereinigen konnte[2]), wodurch er Roms Bevölkerung recht innig zu verschmelzen hoffte. Für das wirklich hohe Alter dieser Handwerkercollegien, sowie für die Thatsache, dass wir in diesen Einrichtungen wirklich den ersten, ursprünglichsten Trieb gewerblich organisierten Lebens zu erblicken haben, spricht deutlich einerseits das Fehlen der später bedeutenden Eisenschmiede (ferrarii)[3]), andererseits das Fehlen der Weber und Bäcker[4]); ein Zeichen für die damals noch verhältnismäßig geringfügige gewerbliche Arbeitstheilung, welche den allmählichen Übergang von Hauswirtschaft zur Stadtwirtschaft kennzeichnet: Weben und Backen sind in dieser Zeit noch Functionen der häuslichen Thätigkeit, während das Eisen und seine Bearbeitung überhaupt noch unbekannt ist.

---

[1]) Schon Dankwart: Nationalökonomie und Jurisprudenz, Rostock 1859, p. 16, erkennt, „dass die Stadt Rom gerade so wie unsere deutschen Städte entstanden ist". Ebenso sieht Max Weber (in „Wahrheit," Hallmonatsschrift, Stuttgart 1896, 6. Bd., p. 59) ganz richtig, „dass die antike Stadt ursprünglich ruht auf dem Austausche der Producte des städtischen Gewerbes mit den Erzeugnissen eines engen ländlichen Umkreises auf dem städtischen Markte". Die Erkenntnisse dieser beiden Forscher sind umso höher zu schätzen, als es jeder von beiden gänzlich unterlässt, sowohl aus dieser Wirtschaftsorganisation für die Fortentwicklung weiterzuschließen, als auch überhaupt mit dem gewonnenen Begriffe auch nur im geringsten zu operieren. Es sind somit Erkenntnisse exacter Forschungen, nicht Theorien, welche ein Lehrgebäude stützen sollen. So verfällt denn auch Weber sofort dem verbreiteten Irrthume, dass die Sclaven die antike Welt zum Falle gebracht hätten.

[2]) Die Zünfte des Numa sind: Flötenbläser, Goldschmiede, Kupferschmiede, Zimmerleute, Walker, Färber, Töpfer, Schuster. S. d. Mommsen, Röm. Gesch., I., p. 192 ff.; Marquardt, Privatleben der Römer, II., p. 392; Plutarch, Numa 17. Die Schuster haben ihr Atrium sutorium und bestehen noch in später Zeit aus Bürgern, nicht aus Sclaven (Dig. 9, 2, 5, §. 3). Marquardt, Privatleben, II., p. 396 ff. Ebenso betreiben die Töpfer ein uraltes Gewerbe; sie sind auf dem Vatican wie in der Stadt selbst ansässig (Juven. 6, 344; Mart. 1, 18, 2). Marquardt, Privatl., II., pag. 657 ff., Ersch und Gruber, l. c. p. 152 ff.

[3]) Deshalb nur aerarii (Kupfer) Erzschmiede. Mommsen l. c. I. pag. 192 ff. Marquardt l. c. II., p. 392; Karlowa, Röm. Rechtsgeschichte, Leipzig 1892, II., p. 63. Dagegen nennt Ersch und Gruber l. c. im Artikel „Handwerk" p. 152 ff. die aerarii fälschlich Eisenarbeiter.

[4]) Bäcker erscheinen in Rom erst 171 v. Chr.; Plin. N. H. 18, 107, 108; Marquardt l. c. II., p. 415.

Derartige Verhältnisse, also eine im Anfangsstadium, aber
doch im besten Aufschwunge begriffene Stadtwirtschaft hat
wohl derjenige Reformator vorgefunden, dessen neue Verfassung uns unter dem Namen des Königs Servius Tullius
überliefert ist.

Ihm wird auch die Einführung des Barrengeldes[1]),
welches mit dem, einen Stier[2]) darstellenden Stempel versehen
wurde, zugeschrieben. Aus seiner Eintheilung der Bürger in
fünf nach der Größe des Grundeigenthums abgestuften Classen
ergibt sich als große Masse der Bevölkerung ein mittlerer,
bäuerlicher Besitz[3]), aber es fehlt, wie aus der Stellung der
Ritter ersichtlich, auch der Großgrundbesitz keineswegs[4]). In
der letzten Classe fungieren auch die über gar kein Grund-
eigenthum verfügenden, aber in Rom ansässigen Handwerker.
Dass sie freie Bürger sind, beweist schon ihre Einreihung in
die Bürgerclassen überhaupt, sowie ihre Aufnahme in das
Heer und ihre Besteuerung[5]). Dass wir die servianische Verfassung als in den Anfang stadtwirtschaftlicher Organisation
fallend ansehen müssen, beweist die niedrige Stellung, welche
sie dem Handwerker zuweist und die alleinige Anerkennung
des Grundbesitzes, welche das mobile, aus dem Lohne der
selbständigen Arbeit entspringende Capital noch gar nicht zu
kennen scheint[6]).

So vollzieht sich denn allmählich die große wirtschaftliche
Einigung der ursprünglich getrennten Einzelwirtschaften, langsam, aber beständig wächst der Stadtstaat mit der stadtwirtschaftlichen Organisation[7]): Die dreißig Curienherde des

---

[1]) Plin. H. N. 33, 13. Mommsen. Röm. Münzwesen, p. 172.

[2]) Das Stierbild auf dem Kupferbarren soll offenbar dessen Wert
als dem eines Rindes gleichstehend ersichtlich machen, während früher
direct das Vieh als Tauschmittel gegolten hatte (daher Geld = pecunia
von pecus = Vieh).

[3]) Mommsen l. c. l., p. 185, glaubt denselben nicht unter 20 Morgen
ansetzen zu dürfen.

[4]) Mommsen ebendas.

[5]) Liv. 1, 43, 3; Dionys. 4, 7. Das servianische Heer zählt 2 Centurien
Schmiede und Zimmerleute (fabri aerarii und tignarii). Marquardt, Röm.
Staatsverwaltung, II., p. 515; über ihre Besteuerung s. p. 24, Anm. 2.

[6]) Joh. Nikel, Socialpolitik und sociale Bewegungen im Alterthum,
26. Ber. d. wissensch. Gesellsch. Philomathie, Neisse 1892, p. 60 ff., meint
sogar schon, „dass die Plebejer wegen ihres Vermögens und ihrer großen
Zahl ein wichtiger Bestandtheil des Staates unter Servius Tullius gewesen
seien," was aber wohl erst für die Zeit nach Servius vollständig richtig
sein dürfte, wenngleich die servianische Verfassung schon bedeutend mit
den Plebejern rechnen muss.

[7]) Welche beim Beginne unserer Runde bereits überall vollzogen
ist. Ed. Meyer, Gesch. d. Alterth., II., p. 524.

Sippenstaates weichen im servianischen Rom dem allgemeinen und einheitlichen Stadtherde[1]) mit dem heiligen Feuer der Vesta.

Stadt und Land müssen sich enge zusammenschließen, weil sie sich gegenseitig immer mehr und mehr ergänzen: Der Bauer kommt an jedem achten Tage zum Markte[2]) und tauscht seine agricolen Producte gegen die Gewerbeerzeugnisse der städtischen Arbeit[3]). Und je reger sich diese entfaltet, desto mehr nimmt auch der wöchentliche Güteraustausch zu. Vom Gewerbeinhaber unterscheiden sich die Gesellen (operarii) und Lehrjungen (discipuli)[4]), während der städtische Markt immer vielseitiger sich gestaltet und in Theilmärkte für bestimmte Producte zerfällt. So entsteht ein Rindermarkt (forum boarium)[5]), ein Schweinemarkt (forum suarium) und andere mehr[6]).

Trotz mancher unten zu besprechender gewaltiger Hemmungen von außen blühen und erhalten sich manche Gewerbe bis in weit spätere Zeiten und machen ihre Inhaber zu wohlhabenden und angesehenen Leuten. So sind namentlich die Fleischer und Schuster[7]) die längste Zeit hindurch freie Bürger gewesen, ja sogar Consuln und Triumphatoren sind aus dem Stande der Handwerker hervorgegangen[8]). Je mehr aber die rein städtische Bevölkerung anwächst, umso weitere Kreise müssen in den Bereich der Bannmeile gezogen werden, damit die Versorgung mit Nahrungsmitteln ausreichend vorsichgehe. Darum gliedern sich schon um die Mitte des 5. Jahrhunderts v. Chr. den vier städtischen Tribus weitere 16 Landbezirke[9]) an: Und es ist eine höchst bezeichnende Erscheinung, dass, solange Rom wirtschaftlich-culturell im Aufschwunge begriffen ist, d. i. bis nach Beendigung des Krieges mit Hannibal[10]), zu diesem Gebiete

---

[1]) Mommsen l. c. I., p. 110.

[2]) Diese Wochenmärkte hießen nundinae. Siehe darüber Dankwart, Nationalökonomie und Jurisprudenz, p. 14 ff.; Mommsen l. c. I., p. 188; Columella de re rust. praefatio; Preller, Röm. Mythologie, I., p. 204-5.

[3]) Deshalb sind an den Markttagen bis 287 v. Chr. keine Comitien. Preller l. c. I., p. 205.

[4]) l. 5, §. 10 Dig. de Verb. Sig. 50, 16; Dankwart l. c. p. 13.

[5]) Um welches sich bald eine dichte Bevölkerung ansiedelte; s. d. Mommsen l. c. I., p. 110.

[6]) Dankwart l. c. p. 18.

[7]) Marquardt, Privatl., II., p. 401.

[8]) So C. Terentius Varro, welcher 216 v. Chr. unglücklich gegen Hannibal kämpfte: Liv. 22, 25, 19; Val. Max. 3, 4, 4; Marquardt, Privatl., II., p. 467; Ersch und Gruber l. c.

[9]) S. Ed. Meyer im Handwörterb. der Staatswissenschaften. Artikel „Plebs", II. Suppl.-Bd., p. 663 ff.

[10]) Also bis ins 2. Jahrh. v. Chr.

immer neue ländliche Tribus dazugeschlagen werden, bis deren Zahl im Jahre 241 v. Chr. successive auf 31 gewachsen ist[1]).

Während also die Latiner auf diese Weise zu dem Stadtstaate mit stadtwirtschaftlicher Cultur gelangen, sind ihnen die Etrusker, welche mit den Griechen schon längst vor Roms Entwickelung in Verbindung getreten waren, weit vorangeeilt, viele andere Stämme hingegen, wie Sabeller, Umbrer etc., in ihren großentheils gebirgig-abgeschlossenen Wohnsitzen des Binnenlandes noch lange in bäuerlicher Hauswirtschaft[2]) verblieben. Je mehr aber Rom in seinen Eroberungen fortschreitet, desto mehr bringt es auch den Stadtstaat mit seiner Wirtschaft in Italien zur Geltung[3]). Sobald ein neuer Stamm unterworfen ist, lässt sich Rom[4]) einen Theil seiner Feldmark (meist $\frac{1}{3}$) abtreten. Diese wird theils dazu verwendet, um die Herrschaft im Feindeslande durch Coloniengründung zu sichern. Diese Städte sind politisch fast ganz, wirtschaftlich durchaus selbständig, bilden neue Stadtstaaten und verbreiten so durch Italien stadtwirtschaftliche Cultur. So hat der Staat Rom im Jahre 225 v. Chr. schon eine Bevölkerung von 273.000 erwachsenen Bürgern, demnach eine Gesammtbevölkerung von circa 900.000 Menschen[5]). Ein anderer Theil der eroberten Mark

---

[1]) Und zwar zählt die Bauernschaft von 330—241 v. Chr. zuerst 16, dann 21, dann 29, schließlich 31 Tribus; also ein successives· Anwachsen, dessen Grund gewiss militärische Maßnahmen allein nicht gewesen sein können, eine Annahme, welche gerade durch die allmähliche Vergrößerung des Stadtstaates ihre beste Basis erhält. (S. dar. Ed. Meyer im Handwörterb. d. Staatswissensch., II. Suppl.-Bd. Art. „Gracchische Bewegung", p. 440 ff. und Art. „Plebs" von demselben ebendort p. 664.) Auch ist dadurch m. E. der Stadtstaat nicht, wie von Ed. Meyer angenommen wird, gesprengt, sondern nur erweitert worden. Denn, hätte man eben nur Concessionen an die Bauern machen wollen, auf deren Kraft allerdings einzig und allein Roms Schicksal in dem damals wüthenden 50jährigen Kampfe mit den Samnitern ruhte, man hätte gewiss auch andere Maßnahmen gefunden, um die Ackerbürger zufrieden zu stellen, wenn diese den Städtern gegenüber wirtschaftlich völlig heterogene Elemente gewesen wären; man hätte der Stadt und jenen Bauern nicht genützt, wenn man jene nunmehr die Majorität besitzenden ländlichen Tribus zu allen Abstimmungen und Versammlungen zuließ.

[2]) S. dar. Max Weber in „Wahrheit", 6. Bd., p. 60: Diese Völkerschaften gliedern sich in Gaugenossenschaften (vergl. Ed. Meyer, Gesch. d. Alterth., II., p. 512 und 523 ff.), oder in einzelne Herrschaftsgebiete feudaler Patriarchen.

[3]) S. Ed. Meyer l. c. II., p. 524.

[4]) Ed. Meyer im Handwörterb. d. Staatswissensch., II. Suppl.-Bd., p. 441 ff. (Artikel „Gracchische Bewegung").

[5]) Ed. Meyer l. c.: also schon circa ein Drittel der Gesammtbevölkerung des damaligen Italien.

wurde unter ärmere Bürger, wahrscheinlich vielfach[1]) unter die jüngeren Söhne der Bauern als Privateigenthum, u. zw. jedem einzelnen eine Hufe zugetheilt[2]). Ein weiterer, meist ziemlich großer Theil des eroberten Landes wurde aber weder zur Coloniengründung, noch zur Einzelauftheilung in Form von Bauernhufen verwendet, sondern bleibt als ager publicus im Staatseigenthume und wurde anfangs theils verpachtet, theils jedem zur Occupation gegen eine Abgabe überlassen. Natürlich ist dazu Betriebscapital und Organisation erforderlich. Ein Einzelner konnte doch nicht im Feindeslande eine Bauernhufe occupieren, wo er ohne Communicationen und Hilfsmittel wie ein Ausgesetzter erschienen wäre. Wohl aber bot dieser ager publicus den großen und reichen senatorischen Adelshäusern eine höchst passende Gelegenheit, sich zur Occupation und Nutzbarmachung eines weiteren, ein gutes Naturalieneinkommen versprechenden Großbesitzes zu verbinden, um möglichst viele fremdländische Erzeugnisse gegen Export von Naturalien, namentlich von Getreide, eintauschen zu können[3]).

Nichtsdestoweniger bleibt der politische und wirtschaftliche Schwerpunkt in der Bauernschaft. Schon das 50-jährige Ringen mit den Samniten um die Herrschaft zeigt dies: Die lex Poetelia beseitigt die Schuldknechtschaft und vorübergehend wird am Ende des 4. Jahrhunderts v. Chr. sogar das Zinsnehmen verboten[4]). Das Jahr 287 v. Chr. bringt mit der einzig beglaubigten Auswanderung der Plebs diese Entwickelung zur Vollendung[5]). Das hortensische Gesetz bestimmt hierauf, dass die Tribusbeschlüsse der Plebs[6]) für den gesammten römischen Staat verbindlich seien, während ein zweites Gesetz aus dieser Zeit verordnet, dass an Markttagen, welche bisher Festtage waren, Recht gesprochen werden solle. Die Bauern wollten also zugleich mit den Marktgeschäften ihre

---

[1]) Wie Ed. Meyer l. c. sehr richtig annimmt.

[2]) Daher der Name: Viritan assignationen, weil sie viritim (= für jeden Kopf separat) erfolgen.

[3]) Es wird noch unten bei der Besprechung fremden Einflusses in dieser Epoche auf den Export ausführlich zurückzukommen sein.

[4]) S. Ed. Meyer im Handwörterb. d. Staatswissensch., II. Suppl.-Bd., Artikel „Plebs", p. 664 ff.

[5]) Aus Ed. Meyer l. c.

[6]) Welche durch beständige Eingliederung ländlicher Tribus (s. oben p. 17/8) der bäuerlichen Bevölkerung ohnehin schon die Majorität gebracht hatte, indem die Bauernschaft von 16 auf 31 Tribus wächst, während die städtische Bevölkerung (die Vertreter des mobilen Capitals, des Handels und der Gewerbe zusammen mit dem Proletariat) auf die 4 städtischen Tribus beschränkt bleibt. (Ed. Meyer, Handwörterb., II. Suppl.-Bd., p. 440.)

2*

Rechtssachen erledigen[1]). Gerade diese Verordnung bietet wieder einen glänzenden Beweis für die Existenz einer stadtwirtschaftlichen Periode in Roms wirtschaftlicher Entwickelung. Wie intensiv muss der Verkehr zwischen Stadt und Land, zwischen gewerblichen und agricolen Producten immerhin gewesen sein, wenn er den Bauer zwang, pünktlich an den Nundinen in Rom zu erscheinen; denn welchen Vortheil hätte sonst ein derartiges Gesetz geboten?

IV. Fremde Einflüsse in dieser Periode.

Vom frühen Alterthume angefangen ist die Lage Italiens durch das ganze Mittelalter, ja bis in die neuere Zeit hinein in der Gesammtgruppierung der für die jeweilige Geschichte in Betracht kommenden Völker eine durchaus centrale gewesen. Darum hat auch, wie E. Meyer[2]) mit Recht hervorhebt, kein zweites Land der Erde seine Herren so oft gewechselt, wie eben diese mittlere der drei südlichen Halbinseln Europas. In schwerem und blutigem Daseinskampfe haben die Römer ihre fruchtbaren Küsten gegen äußere Feinde wie gegen die aus den Gebirgen des Binnenlandes herabsteigenden tapferen Bauernvölker vertheidigen müssen[3]), und vielleicht gerade um ihrer eigenen Sicherheit willen sind sie das den Erdkreis unterjochende Volk geworden. Dazu kommt noch, dass die Italiker eben in den ersten Anfangsstadien culturellen Werdens begriffen sind, während Griechen, Phönicier und Karthager schon einen langen Weg wirtschaftlicher Entwickelung zurückgelegt haben und gewaltige seefahrende und seebeherrschende Nationen geworden sind, denen die Heimat zu enge und das Absatzgebiet ihrer Waren zu gering wird. Im 8. Jahrhundert v. Chr., da eben Roms erste Anfänge beginnen, haben sich schon die Hellenen in mehreren Colonien an Italiens besten Küstenstrichen festgesetzt[4]). Und darum beginnt, ebenso wie

[1]) Ed. Meyer im Handwörterb., II. Suppl.-Bd., p. 666.
[2]) Gesch. d. Alterth., II., p. 486.
[3]) Insbesonders im 50jährigen Kampfe mit den Samniten; s. d. Ed. Meyer I. c. p. 497/8, vergl. auch p. 485 cod.
[4]) S. Ed. Meyer I. c. II., p. 470 ff. So entstehen Kroton, Sybaris, Tarent, Metapont, Rhegion, und vor allem das für den wirtschaftlichen Entwicklungsgang der Italiker und insbesonders der Römer durch seine centrale Lage so wichtig gewordene Kyme (nicht weit von Neapel gelegen). Ed. Meyer I. c. II., p. 482: „Es war die einzige Griechenstadt im Centrum Italiens, der einzige Marktplatz, in dem die Stämme Mittelitaliens ihre Producte gegen die Waren des Ostens umtauschen konnten." (Vgl. Strabo V., 4. 7.)

die griechische Geschichte mit der Entdeckung Griechenlands[1]) durch die Phönicier, die italische mit der Entdeckung Italiens durch die Griechen.

Schon lange, bevor noch die Römer als eigene Nation und eigentlicher Staat hervortreten, stehen die Etrusker in lebhaftem Verkehre mit Griechen und Karthagern. Spätestens im 15. Jahrhundert v. Chr. sind schon die Phönicier nach Italien gelangt[2]), und wohl noch im 6. Jahrhundert schließt Rom einen Handelsvertrag mit Karthago[3]), also etwa kurz nach der Zeit der servianischen Verfassung, welche eben die Anfänge der Stadtwirtschaft erkennen lässt.

Von weit größerer Bedeutung aber sind die Griechen. Unter ihrem Einflusse organisiert sich zuerst Etrurien in der Form des Stadtstaates mit stadtwirtschaftlicher Cultur, aber ohne die harmonische und durch äußere Einflüsse ungestörte Wechselwirkung zwischen Stadt und Land, wie sie typisch und in sich fest fundiert bei den deutschen Städten hervortritt. Darum ist, soviel wir aus den mangelhaften Überlieferungen ersehen können, weder in den Städten mit der freien Arbeit der Bürger auch deren politische Macht entstanden, noch sind die Bauern des Landes zu selbständiger Existenz gelangt. Alles Leben concentriert sich um die Adeligen, welche große Scharen rechtloser Leibeigener besitzen[4]), Handel und Industrie oder wenigstens das reiche Einkommen daraus durch den Export[5]) an sich gerissen haben.

Der Handelsverkehr mit Griechenland hat den Italikern schon zu Anfang des 7. Jahrhunderts die Schrift geliefert; Latiner wie Etrusker haben sie von Kyme übernommen[6]), welches ebenso wie Sybaris und sicilische Städte mit Etrurien in reger Verbindung steht. Auch die Geldprägung muss um das Jahr 600 v. Chr. in Etrurien schon Eingang gefunden

---

[1]) Auch diese treffenden Worte Ed. Meyers (l. c. p. 486) deuten schon den gewaltigen wirtschaftlichen Einfluss an, welchen fremde Cultur in ihren guten wie schlechten Errungenschaften auf die Römer zu üben bestimmt ist.

[2]) Ed. Meyer l. c. II., p. 508: Schon in sehr alten Gräbern der Etruskerstadt Tarquinii finden sich vereinzelt egyptische Objecte, die nur durch phönicische Händler gebracht werden konnten.

[3]) Ed. Meyer l. c. II., p. 812.

[4]) Ed. Meyer l. c. II., p. 523 ff.

[5]) Dieser war sehr umfangreich; namentlich Kupferarbeiten, aber auch Vasen und andere Erzeugnisse werden nicht nur von den übrigen italischen Stämmen von Etrurien bezogen, sondern finden ihren Weg auch nach Griechenland. Kritias eleg. 1, 7, Ed. Meyer l. c. II., p. 701.

[6]) Ed. Meyer l. c. II., p. 530.

haben [1]). Bezeichnend ist auch, dass der erste unter allen Barbaren, welcher den olympischen Zeus beschenkt, der Etruskerkönig Arimnos ist [2]).

Die Etrusker aber sind die nächsten Nachbarn der Römer und Latiner. Es ist selbstverständlich, dass auch auf diese der fremde Einfluss und die höhere Qualification etruskischer und griechischer Producte nicht ohne Wirkung bleiben konnte. Und so ist denn auch Roms stadtwirtschaftliche Periode trotz des urwüchsig aufstrebenden, durch die freie Bauernschaft fest fundierten Volkes vielfach von fremden Culturelementen in seiner Entwickelung künstlich vorwärts gerissen und somit meist mehr geschädigt als gefördert worden; denn auf einer besseren und weit mehr haltbaren Basis aufgebaut, ist die Volkswirtschaft, welche langsam aus sich heraus geworden, was sie werden sollte: Eine Volkswirtschaft im wahren Sinne des Wortes als diejenige, welche künstlich durch fremden Einfluss rasch heranreift.

Zudem ist noch Rom vorübergehend im Beginne des 6. Jahrhunderts v. Chr. von den Etruskern erobert worden und unter der Herrschaft von Königen etruskischer Abkunft gestanden. [3]) Politisch mag dieses Ereignis mit der Beseitigung des Königthums durch den römischen Adel seine Bedeutung verloren haben und ohne Folgen geblieben sein [4]). Wirtschaftlichculturell ist es von größter Wichtigkeit geworden.

Uralt sind Roms Handelsbeziehungen zu dem etruskischen Caere, und die Tiberbrücke, welche an das etruskische Flussufer führt, hat eine so große Bedeutung gewonnen, dass Roms höchster Priester der „Brückenmacher" (pontifex)[5]) genannt wurde[6]). Rom ist ein Staat, der auf die Bauernschaft, auf die Wirtschaft im eigenen Bereiche fundiert ist und dennoch, den Verhältnissen folgend, im Verkehre mit fremden Völkern fortgerissen wird. Es liegt ein tiefer Zwiespalt in dieser Entwickelung, welche die Bauern an die Stadt gliedert, weil sie ihr nöthig sind, die Stadt aber ihr Antlitz nach außen richten und ihre Stütze den Bauern entziehen lässt, weil sie nach fremden Waren begehrt. Der Preis derselben wird also zur einen Hälfte (was den Verkäufer anbetrifft) in eine fremde Volkswirtschaft gestellt und richtet sich nach derselben, während er nur in der

---

[1]) Ed. Meyer l. c. II., p. 701 ff.
[2]) Mommsen, Röm. Gesch. I., p. 139.
[3]) Ed. Meyer l. c., p. 702 ff.
[4]) Die Etruskerherrschaft wird deshalb auch von Mommsen (Röm. Gesch.) ganz übergangen.
[5]) Von pons (= Brücke) u. facere (= machen).
[6]) S. dar. Mommsen, Röm. Gesch. I., p. 50 u. 170.

eigenen stehen sollte. Das harmonische und gegenseitige Einwirken und Sich-Bedingen von gewerblichen Producten der Stadt einerseits und den agricolen Producten des Landes anderseits, wie es zwischen den Städten des deutschen Mittelalters und ihren Bannmeilen stattfindet, und seinen Ausdruck erhält in dem fortwährenden gleichmäßigen Steigen der Getreidepreise im directen Vereine mit der Höherbewertung der gewerblichen Arbeit und der Bildung des mobilen Capitals als des Lohnes der qualificierten selbständigen Arbeit: Diese in sich abgeschlossene und darum so glänzende Entwickelung, welche das schönste Resultat einer Volkswirtschaft bedeutet, ist in Rom durch auswärtige starke Einflüsse zwar nicht verhindert, wohl aber sehr beeinträchtigt worden. Wenn aber die Volkswirtschaft das die Einzelwirtschaften zusammenfassende, zu einem Gesammtwirken einer Einheit höherer Ordnung verbindende Element ist, dann ist es ihr bestes Resultat, alle Einzelwirtschaften derartig zusammenzugliedern, dass jede von den andern sicher und ausreichend gehalten werde, aber auch ihrerseits jede die andern sicher und ausreichend halte, dass keine im Verbande allein stehe und überflüssig werde, aber auch keine in einer fremden Volkswirtschaft wurzle, von dieser bedingt werde und sie selbst wieder bedinge; denn eben dieses Stück producierender Kraft, das ihre Producte der fremden Volkswirtschaft lieferten, würde der eigenen entzogen und so das Gleichgewicht der producierenden Kräfte gestört [1]).

Roms stadtwirtschaftliche Epoche aber verfällt schon in ihrem Anfange diesem Fehler. Schon die servianische Verfassung, deren Datum wir leider auch nicht annähernd wissen, zeigt auffällige Vernachlässigung des mobilen Besitzes und der Gewerbe, welche im Vergleich zu der aus ihr ersichtlichen Bauernzahl des damaligen Staates weit mehr hervortreten sollten, geschweige denn, dass die bis zum Jahre 241 v. Chr. auf 31 ländliche Tribus angewachsene Bauernschaft im Verhältnisse zu Roms Gewerbefleiß und der dementsprechenden Macht eines Handwerkerstandes [2]) stünde! Leider fehlen uns auch hier

---

[1]) Also z. B. dadurch, dass die Römer den gewerblichen Producten der Griechen und Etrusker den Vorzug vor den eigenen gaben, wodurch also Getreide ins Ausland strömt, dort wieder den Gewerbetreibenden zu weiterer Production und Capitalbildung der selbständigen Arbeit verhilft, während in Rom der gewerbliche Stand lange nicht den Aufschwung und diese Productivität gewinnt, welche dem Abströmen von Getreide aus dem Lande adaequat wäre. Darüber noch ausführlicher unten.

[2]) Immerhin aber bilden sie gegen die übrigen Bürger ein eigenes genus hominum und werden nicht in den allgemeinen Tributlisten der Bürger geführt, sondern in die Liste der aerarii eingeschrieben und besonders besteuert. (Marquardt, Röm. Staatsverwaltung II., p. 170.)

für den Verkehr mit dem Auslande vielfach bestimmte Daten
und die Schlüsse ruhen meist auf Indicien[1]).

Schon seine Lage prädestiniert Rom zu dieser Entwickelung: Hineingeschoben zwischen Kyme und die andern hoch-
entwickelten griechischen Colonien einerseits und die mit den
Griechen im regen Verkehre stehenden Etrusker anderseits,
nahe am Meere gelegen, ja mit seiner Hafenstadt Ostia dasselbe
berührend und durch die Tiberbrücke mit dem Nachbarstaate
verbunden, musste Rom und Latium schon in frühester Zeit in
seiner selbständigen Entwickelung beeinträchtigt werden; ja es
ist nur zu wundern und einzig der ausgeprägten, in den bäuerlichen Verhältnissen festgefügten und vererbten Nationalität zu
danken, dass Rom dennoch soviel eigene Entwickelung aufweisen
durfte. Viel schneller ist das Etruskervolk als wohlfeile Beute
den jugendkräftigen Römern zum Opfer gefallen, weil es, nicht
ausgereift in selbständiger, allseitiger Kräfteentfaltung; nicht
gestützt und getragen von einem freien und gesunden Bauernstande
wie der Latium's es war, sich selbst von der Basis beginnend
emporheben durfte, sondern noch lange bevor es seine eigene
Volkswirtschaft für die Aufnahme des großen entnationalisierenden
mobilen Capitals einigermaßen tragfähig gemacht hatte, einer
künstlichen Treibhausblüte gleich, ein paar adelige Familien zu
ungeahntem, aber auch erschlaffendem Reichthume emporgewirbelt,
die großen Massen aber in desto tieferem wirtschaftlichen und
culturellen Elend unter sich zurückgelassen hatte[2]). Eine der-

---

[1]) So auf Gräberfunden (Beispiele: Mommsen, Röm. Gesch. I.,
p. 195 ff.; Ed. Meyer l. c. II., p. 508/9, 530 u. 701), auf Wortformen, wie
das lat. mutuum (Darlehen) in das sicil. Griechisch als μοΐτον sich ver-
pflanzt hat (Mommsen l. c. I., p. 156, über phönicischen und griechischen
Einfluss, namentlich seit dem 6. Jahrh. v. Chr., s. Marquardt, Privatleben
der Römer II., p. 395 ff., Ed. Meyer l. c. II., p. 504). Zu Anfang des
6. Jahrhunderts schließen die Etrusker Verträge mit den Karthagern und
in demselben Jahrhundert, wenn auch erst gegen Ende desselben, schließen
auch die Römer einen Vertrag mit diesem Volke. (Ed. Meyer l. c. II.,
p. 708 u. 812.) Auch die Religion erfährt vielen und starken fremden Einfluss: So bezieht Rom aus Kyme seine berühmten sibyllinischen Bücher
(Ed. Meyer l. c. II., p. 531) und den Apollocult; ludi und (364 v. Chr.)
auch scenische Spiele kommen nach Rom etc., etc. Näheres bei Preller,
Röm. Mythologie I., 142—148. Ebenso weisen deutlich die Insignien des
uralten Königthums auf Griechenland und den Orient: So die linnene
Binde (λίνον = linum), der Königspurpur (πόρφυρα purpura); vor allem
aber Einführung und Gebrauch der Wage (στατήρα statera). Näheres
bei Mommsen l. c. I., p. 196/7.

[2]) Darum sind in Etrurien die Städte nicht frei geworden; freien
Grundbesitz scheinen nur die Adeligen, welche über ungeheure
Scharen rechtloser Leibeigener verfügen, gehabt zu haben. (S. Ed. Meyer
l. c. II., p. 525, vergl. auch p. 713 ff. Coden u. Mommsen l. c. I., p. 336.)

artige Volkswirtschaft ist von außen hinein, nicht von innen heraus entwickelt, sie hat keinen Halt, keinen Zusammenhang. Statt dass die einzelnen Wirtschaften ihre Bedürfnisse und die Erzeugung der Mittel, der gegenseitigen Bedürfnisbefriedigung von selber sich halten im coordinierten, aber auch sich selbst genügenden Verbande, ist hier nur das Machtwort und der Druck des Herrschers das unwirtschaftliche Agens, welches von außen das wirtschaftliche Gleichgewicht hineintragen soll [1]), genau dieselben Symptome, denen wir auch bei Roms großem socialen Ruin begegnen werden. Eine kurze Zeit lang ist es allerdings den Etruskern gelungen: Kräftig und zielbewusst haben anfangs die Adeligen ihren morschen Baum in scheinbarer Blüte erhalten; aber ihre Nachkommen sind erstickt in den angehäuften Reichthümern und versunken in sybaritisch stumpfen Genüssen. Und mit ihrem Hinsiechen ist auch das Etruskervolk von der Erde fast spurlos verschwunden, denn mit mehr Recht als jener französische König hätte der etruskische Adelige den stolzen, aber traurigen Spruch thun können: L'état c'est moi!

Darum hat Rom, nachdem es für eine kurze Zeit der Beutelust eines Etruskers zum Opfer gefallen war, auch so leicht wieder diese Fremdherrschaft abgeschüttelt: Der gesammten Etruskermacht, wenn sie vom Volke als solchem ausgegangen wären, hätte Rom nie zu widerstehen vermocht; das zeigen deutlich die blutigen Kämpfe, welche nur mit der einzelnen Stadt Veji zu bestehen waren.

Und da die rohen und tapferen Bauernscharen der Sabeller, denen ihre Bergheimat zu enge geworden ist, in den Ebenen neue Wohnsitze erobern wollen, da gelingt es ihnen zwar bald, die campanischen Etrusker trotz der ausgezeichneten Waffen derselben völlig niederzuwerfen, auch das griechische Kyme, welches die Etrusker in ihrer Blütezeit nicht hatten bezwingen können [2]), fällt den Sabellern rasch zum Opfer. Nur Rom allein leistet mit seiner gesunden Bauernschaft in 50-jährigem Kampfe Widerstand und vernichtet schließlich das gefährliche Volk der

---

Und fast immer sind es einzelne Adelige, nie die gesammten Etrusker, welche zu irgendeiner Unternehmung ausziehen. (Mommsen l. c. I., p. 125 u. 329.)

[1]) Wie anders dagegen die aus sich heraus zu harmonischem Dasein der Einzelwirtschaften entwickelten Städte des deutschen Mittelalters! Ungestört durch äußeren Einfluss durfte der Bauer seine überschüssigen Producte gegen die Erzeugnisse städtischen Gewerbefleißes tauschen und langsam und beständig heben sich — ein untrügliches Zeichen allseitigen innerlichen Aufschwunges — mit der höheren Qualification und dem höheren Preis gewerblicher Erzeugnisse auch die Preise des Getreides.

[2]) Um 425 v. Chr. s. Mommsen, Röm. Gesch., I., p. 323 ff.

Berge, und mehr denn je hat Rom in diesen schweren Zeiten wirtschaftlich für seine Bauern gethan, wenngleich es schon seit frühester Zeit seinen Blick nach auswärts gerichtet hatte: Rom, dessen Mauern sich aus der Furche der Pflugschar erhoben hatten [1]), trägt als städtisches Wappen die Galeere [2]) und erhebt einen uralten Hafenzoll, dem nur unterliegt, was zum Feilbieten, nicht, was zum eigenen Gebrauch des Verladers bestimmt ist [3]), während im ältesten Stadttheile Roms, wohl unzweifelhaft in Anlehnung an den mit Etruskern stattfindenden lebhaften Handelsverkehr, eine „Tuskergasse" sich findet [4]). Bezeichnend aber ist bei alledem die Eifersucht Roms auf seine Hafenstadt Ostia, welcher man keine politische Selbständigkeit wie andern Bürgercolonien zugestehen wollte [5]). Die servianische Verfassung nimmt ihr Muster direct aus Griechenland, das servianische Heer ist völlig eine dorische Phalanx [6]); und als man die Rechtsordnung codificieren will, schickt man im Jahre 454 v. Chr. zuerst Leute nach Griechenland, welche Studien machen sollen [7]). Alle diese deutlichen Beweise [8]) eines regen Verkehres mit einem weit vorgeschrittenen Auslande haben das Römervolk, wenn auch die Details heute nicht mehr nachzuweisen sind, dennoch im ganzen erkennbar beeinflusst. Darum sind die westlichen Küstenvölker Italiens schon zum Stadtstaate und damit zu einem höheren Wirtschaftsgebilde gekommen, während in dem gebirgigen, zu ausländischen Niederlassungen und zum Seeverkehre weniger geeigneten Osten noch freie Bauerngemeinden in der ursprünglichen Besiedlungsform der Dörfer und in jedenfalls hauswirtschaftlicher Organisation noch die Regel bilden [9]).

Was aber ist die große wirtschaftliche Tendenz und das Resultat dieses Verkehres mit dem Auslande gewesen?

Da wir in Rom keinen besonderen Kaufmannsstand, aber auch keine derartige industrielle, auf den Export hin arbeitende

[1]) S. Ed. Meyer l. c. II., p. 706; vgl. auch p. 808 cod.
[2]) S. p. 5.
[3]) S. Mommsen l. c. I., p. 46, vgl. Ed. Meyer l. c. II., 523.
[4]) S. Mommsen l. c. I., p. 49, ebenso Ed. Meyer l. c. II., p. 704.
[5]) S. Mommsen l. c. I., p. 99.
[6]) S. Mommsen l. c. I., p. 92 und 95.
[7]) Mommsen l. c. I., p. 280.
[8]) Auch das gleichzeitige, aber begrifflich scharf zu trennende Vorkommen von nundinae (die wöchentlichen städtischen Märkte, und mercatus [große, natürlich auch von fremden Kaufleuten besuchte Messen] s. Mommsen l. c. I., p. 193) liefert einen solchen.
[9]) S. Ed. Meyer l. c. II., p. 520. Darum sind auch die Speisegenossenschaften im 5 Jahrh. in Unteritalien noch in vollem Leben nachweisbar (Ed. Meyer l. c. II., p. 512). Vergl. unten p. 7.

Thätigkeit finden wie bei den Griechen, Etruskern und Karthagern, so geht die verbreitete Meinung dahin, dass Latium nur einen vollständigen Passivhandel führte, nur Geld exportiert und ausländische Waren dafür bezogen habe[1]. Diese Meinung ist aber schon deshalb unhaltbar, weil gar kein Staat — und ein so kleiner wie das Rom von damals am allerwenigsten — dauernd imstande ist, sein Geld ins Ausland fließen zu lassen, zumal, wenn es keinen Metallersatz aus inländischen Bergwerken erhält; ja es ist vielmehr deutlich nachweisbar, dass Rom schon, bevor es noch eine Geldwährung besaß[2] mit dem Auslande Handel trieb. Übrigens geben die Geschichtsquellen selber Nachricht genug, womit Latium die bezogenen fremden Waren bezahlte; es ist auch hier, wie überall, wo ein culturell niedriger stehender Agriculturstaat mit einem Industriestaate in Verkehr tritt: Rom als Agriculturstaat exportiert Getreide, während in erster Linie Griechenland als Industriestaat dafür seine gewerblichen Producte liefert. Dieser eine Satz erklärt in seinen Consequenzen die ganze Geschichte Roms und alle seine eigenthümlichen Zustände und Institutionen im 5. und 4. Jahrhundert v. Chr.

Wir sehen die Marktpreise Griechenlands abhängig werden vom importierten italischem, sicilischen und pontischen Getreide[3]) und Kyme[4]), das mit Rom im regsten Handelsverkehre steht, führt in sein griechisches Mutterland die gesuchte, weiße Kornfrucht[5]) Italiens. Nur auf diese Weise wird es begreiflich, dass Rom gar nicht selten in Noth kommt und selber bei andern Völkern das wichtigste Nahrungsmittel kaufen muss, welches es in der Begierde nach fremden Producten abgegeben hatte, ohne für eigenen Nothvorrath gesorgt zu haben[6]). Natürlich

---

[1]) So z. B. H. v. Scheel, Die wirtschaftl. Grundbegriffe im Corpus juris civ. in Hildebrands Jahrb. 1866, p. 332: „Geld war also fast der einzige Ausfuhrartikel der Römer," s. auch p. 30, Anm. 1.

[2]) Denn diese ist auch unter auswärtigem Einflusse entstanden.

[3]) S. Ed. Meyer l. c. II., p. 550; vergl. auch 547 cod.

[4]) Ed. Meyer l. c. II., p. 677, vgl. über Kymes Handel und Bedeutung für Italien auch p. 482 und 492 cod.

[5]) Welches Sophokles (von 497 bis 406 v. Chr.) rühmt; s. dar. Marquardt, Privatleben der Römer, II., p. 397. Zu Alexanders des Großen Zeit (336—323 v. Chr.) ist der Griechen dieses Getreide schon unbekannt (Plin. N. H. 18, 65).

[6]) So berichtet Livius, II., 9, dass bald nach Sturz des Königthums Leute zu den Volskern gesendet wurden, um Getreide auf Staatskosten anzukaufen. Über Export von Getreide s. auch Mommsen l. c. I., p. 197, welcher nichtsdestoweniger für Latium eine passive Handelsbilanz behauptet (l. c. I., p. 198). Bei Missernten kauft Rom bei den Volskern, Sikelioten, Kymaeern und Etruskern Getreide (Mommsen l. c. I., p. 200). Bei den Messen (mercatus) handelt man ebenfalls mit Getreide (Mommsen l. c. I., p. 193).

ist der kleine Bauer nicht imstande, seine geringen, den eigenen
Bedarf übersteigenden Getreideüberschüsse an fremde Händler
gegen theuere griechische Waare zu tauschen; er muss sich mit
den geringeren Producten des städtischen Gewerbes begnügen!
Nur die über großen Grundbesitz [1]) verfügenden Adeligen können
leicht mit den fremden Händlern direct in Verkehr treten und
ihnen ihre bedeutenden Erträgnisse an Getreide überlassen.
Darum fehlt in Rom namentlich in dieser Zeit fast jede Spur
eines besonderen Kaufmannsstandes [2]), und darum streben die
adeligen Häuser so sehr nach Grundbesitz, um sich eine möglichst
große Masse Getreide jährlich zu sichern, welche ihnen mit
fremdem Golde oder fremden Industrieproducten aufgewogen
wird. Darum auch für ihren allgemeinen Reichthum der specielle
Ausdruck: Locupletes [3]) (Grundbesitzreich) und ihre immer
häufiger, immer crasser hervortretende Leidenschaft, die Bodennutzung nicht mit Clienten zu theilen, sondern sie ganz allein
zu erringen.

V. Zusammenfassung und Ergebnisse.

Italiens Geschichte beginnt also mit capitalloser Wirtschaft;
das Land steht in gemeinsamem, ungetheiltem Eigenthum der
patriarchalisch organisierten blutsverwandten Verbände. Eigenthum ist dabei allerdings vielleicht nicht der zutreffende Ausdruck; denn wir verbinden damit gewohnheitsgemäß den
capitalistischen Machtbegriff der Ausnützungsfähigkeit eines Güter-
besitzes gegenüber andern minder begüterten Wirtschaften. Eine
derartige Bedeutung aber mangelt dem Gesammteigenthum dieser
frühesten hauswirtschaftlich organisierten Zeit vollkommen. Denn
dadurch, dass der Boden ungetheilt der Gesammtheit ange-
hört, ist es weder dem einzelnen ermöglicht, sich eine wirtschaftliche Güterübermacht zu erringen, noch kann die Gesammtheit
des Verbandes sich über einen anderen derartigen Verband

---

[1]) Vergl. pag. 27/8 über die Staatsdomänen.

[2]) S. Mommsen l. c. I., p. 201; „Der Großhandel von Latium hat
sich von Anfang an in den Händen der großen Grundbesitzer befunden."
Vergl. Drumann, Die Arbeiter und Communisten in Griechenland und
Rom (Königsberg 1860), p. 279 ff.

[3]) Das Wort kommt von locus = Grund und pleo, plenus = aus-
füllen, erfüllt sein, also mit reichem Grundbesitz versehen. Diese Bezeich-
nung von „reich" widerspricht vollkommen den durch die stadtwirtschaftliche Periode angebahnten Verhältnissen, wo das mobile Capital
sich als herrschend entwickelt; Reich im deutschen Sinne kommt von
reichen, überreichen, was jedoch nur von beweglichen Sachen gelten kann.

emporheben, weil der Zweck der Bodennutzung noch nicht auf
Hervorbringung zu veräußernder Dinge (also producierender
Güter) gerichtet ist, denn der Boden hat seinen Bearbeitern
nichts weiter als die ihnen nöthige Nahrung zu liefern (also nur
consumptible Güter zu erzeugen).

Erst mit dem Zerfallen der großen Verbände in Gentes
und Familien entsteht mit der Auftheilung des Landes ein
individuell differenciertes Guthaben am Ackerlande, ein individuell differenciertes und damit auch productiv zu verwendendes
Eigenthum an der Bodenfrucht (jetzt schon Eigenthum im
modernen Sinne), und mit der Productionsmöglichkeit nach der
Größe des Ackers und nicht mehr nach der Größe eigenen
Bedarfes (also einerseits über denselben hinaus, andernseits
unter demselben) ergibt sich auch das Leihen und Tauschen,
d. h. die Verwendung bisher rein consumptibler Güter als nunmehr productiver, und damit die Bildung des mobilen Capitals
aus der Anhäufung und tauschweisen Überlassung der Ackerfrucht für fremde Producte. Gehen diese von dem Acker gewonnenen, über den eigenen Nahrungsbedarf hinaus reichenden
Überschüsse an das Gewerbe in der Stadt, so bildet sich dort
das mobile Capital mit der qualificierten und folglich auch freien
Arbeit[1]). Zum guten Theil, wenn auch lange nicht in dem Maße,
wie in den Städten des deutschen Mittelalters, findet diese
Beziehung zwischen Getreide und gewerblichen Producten auch
in Rom statt. Aber gerade in dem Maße, in welchem Rom
Getreide ins Ausland sendet für fremde Erzeugnisse, in eben
diesem Maße geht der eigenen Volkswirtschaft das mobile, productive Capital gerade an dem Orte verloren, wo es keinen
Schaden, sondern weit eher Nutzen stiften würde und concentriert sich statt dessen in den Händen der großen Grundbesitzer,
um diese noch reicher, den Mittelstand und die kleinen Besitzer
aber noch ärmer und elender zu machen. Dabei gibt es auch
nur mehr einen Weg, um emporzukommen, und das ist eben der
Grundbesitz. Dabei lastet aber geradeso wie in der ältesten
Zeit Deutschlands der Kriegsdienst schwer auf den Bauern[2]).
Wenn sie im Frühjahre ausgehoben werden und bis zum Herbste
im Felde stehen, wobei sie noch dazu anfangs keinen Sold
erhalten[3]), so ist es klar, dass dadurch gar manche bisher selbständige Existenz wirtschaftlich vernichtet werden musste. Aber
die Art, wie dies geschah, zeigt deutlich den Unterschied der

---

[1] S. p. 14.
[2] S. ihre Stellung in der serv. Verfassung p. 23, Anm. 2.
[3] Erst seit der Belagerung Veji's (406 v. Chr.) wird ein solcher
bezahlt (Liv. 4, 59, 11).

früheren nichtcapitalistischen und der späteren — namentlich durch den Getreideexport — land- und capitalgierig gewordenen Zeit: Ursprünglich werden die überschuldeten Bauern ebenfalls wie in Deutschland Hintersassen (Clienten, Precariaten) der Großbesitzer, wobei sie entweder in Naturalien einen Pachtbetrag entrichten und auf ihren Gütern verbleiben dürfen, oder aber gegen Überlassung eines für den eigenen Bedarf und den der Familie genügenden Ackerlandes die Felder ihrer Patrone bestellen; ein Verhältnis, welches in diesen Zeiten die Sclaverei noch weit an Bedeutung überragt und an die Lehenstreue der deutschen Mannen erinnert[1]).

So wichtig aber und maßgebend für das innere Gesundsein einer Volkswirtschaft es auch ist, dass sie eine möglichst große Zahl wirtschaftlich selbständiger Existenzen in sich schließe[2]), so ist dennoch der sociale Rückschritt vieler Bauern in dieser ersten Zeit der römischen Capitalbildung aus dem differencierten Eigenthume an Grund und Boden noch ein verschwindend kleiner gegenüber der Behandlung, welche unter der Herrschaft der strengen Schuldgesetze[3]) der Bauer erfährt, wo er, von seiner Familie getrennt, nicht nur in seiner wirtschaftlichen, sondern auch in seiner bürgerlichen Existenz vernichtet, als rechtloser Knecht sein Leben fristen muss, während er früher doch frei blieb und seine Familie hinreichend versorgen konnte. Dass aber der herrschende adelige Großgrundbesitz derartige Gesetze einführte[4]), liegt in seinem Streben nach möglichster Ausnützung seiner Äcker, um möglichst viel Exportwerte zu erlangen, wobei der unverheiratete und unfreie Knecht, dessen gesammte Arbeit dem Herrn zufällt, angenehmer ist als der Client, welcher nur eine Pacht bezahlt, den größten Theil des Ackerertrages aber selbst verzehrt, und außerdem der Unfreie den Vortheil bietet, dass er nicht gerade zur Zeit der strengsten bäuerlichen Arbeit, im Frühjahre und Sommer, zum Heeresdienste ausgehoben werden kann, weshalb man auch die freien Leute nicht mehr

---

[1] Wie das Staatslexikon von A. Bruder, IV. Bd. (Freiburg i./B. 1895), Sp. 754/5, sehr richtig hervorhebt. S. dar. auch Mommsen, Röm Gesch. I., p. 180 ff.

[2] Siehe dar. Heilingers bahnbrechende Abhandlung „Recht und Macht" (Wien, 1890), p. 53 ff.

[3] Insbesondere des nexum, nach welchem der zahlungsunfähige. Schuldner mit Leib und Leben dem Gläubiger verfällt, der ihn nach Belieben tödten oder in die Fremde verkaufen oder als Sclaven selbst behalten darf.

[4] S. Heilinger l. c. p. 33 ff.: „Das Recht ist der Wille der leitenden — ist einer der wirtschaftlich mächtigsten — Kreise."

— 31 —

so gerne als Taglöhner beschäftigt[1]) als früher, wo der Acker nur dem Nahrungsbedürfnisse seiner Besitzer zu dienen hatte. Zu alledem hat man noch Griechenlands Wirtschaftsorganisation bei dem regen Verkehre beständig vor Augen, wo eben der Capitalismus und, mit ihm die Sclavenwirtschaft zur besten Entwickelung gelangt ist.

Dass die Römer aber auch, sowie es heute jeder Getreideexportstaat versucht, die griechische Industrie nicht nach ihrem Staate verpflanzten, daran trägt eben die Ansammlung des mobilen Capitals gerade an dem Orte, wo es am wenigsten sich hätte sammeln dürfen, die Schuld: Der bürgerliche Mittelstand in den Städten, welcher eben sonst keine Beschäftigung hat, die sein Augenmerk absorbiert und ihn genügend ernährt, müsste der Concentrationspunkt des mobilen Capitals geworden sein, nicht aber der adelige Großgrundbesitzer. Dadurch ist Rom nicht zum industriell thätigen Staate geworden, weil sein Getreide, der Ausgangspunkt alles Capitals, nicht der eigenen Bürgerschaft innerhalb derselben Volkswirtschaft, sondern fremden Wirtschaften in fremden Staaten zugeflossen ist. Vom Besitze entspringend, zum Besitze zurückkehrend, geht die römische Capitalbildung vor sich, während die des deutschen Mittelalters ihren Ausgang nimmt von der freien, qualificierten Arbeit. Darum ist in Rom die stadtwirtschaftliche Epoche mit der Blütezeit der Gewerbe nicht recht vorwärts gekommen, darum der Mangel an rechtlicher Anerkennung der productiven Arbeit und folglich der tiefe, grundlegende Unterschied zwischen dem Begriffe des Eigenthums nach deutschem und römischem Rechte: Wer die Bestellungsarbeit gethan hat, ist Eigenthümer der Ackerfrucht nach deutscher Satzung; wer sein Eigenthum am Acker zu beweisen imstande ist, nach der römischen; und noch Labeo[2]) entscheidet: Wenn in einer Purpurfärberei fremde Wolle zufällig verarbeitet wird, so ist das für den Eigenthümer der Wolle gerade so gleichgiltig, als ob diese in Schmutz gefallen und dadurch in ihrem Aussehen verändert wäre[3]). Und eben mangels dieses Begriffes der productiven Arbeit ist auch kein Unterschied gemacht worden zwischen einem Darlehen, das einem Handwerker als Betriebscapital

[1]) S. W. Drumann, „Die Arbeiter und Communisten in Griechenland und Rom", p. 170 ff.

[2]) Berühmter röm. Jurist unter Augustus.

[3]) l. 26, §. 3. Dig. 4, 1; vergl. Dankwart: Nationalökonomie und Jurisprudenz, p. 28 ff., wo jedoch die starre römisch-rechtliche Formulierung des Eigenthumsbegriffes als Ursache des Nichtaufblühens der Gewerbe hingestellt wird (!).

geboten wird, und einem solchen, das ein durch Missernten heimgesuchter oder durch den Kriegsdienst an der Feldbestellung gehinderter Bauer empfängt, um leben zu können: Das erstere ist der Production gewidmet und hebt folglich das Einkommen des Anleihers auf eine bleibend höhere Stufe; er wird dadurch leicht imstande sein, höheren Zins zu bezahlen als der Bauer, welchem sein Einkommen gleich bleibt, ja im Gegentheil, durch Zins und Amortisation für die Zukunft geschmälert wird, weil er die geliehene Summe rein consumtiv verwendet hat. Dabei ist der Zinsfuß außerordentlich hoch (die XII Tafeln bestimmen sein Maximum mit $10^0/_0$); aber ein Überschreiten desselben wird als Wucher härter bestraft, als Diebstahl[1]); als ob nicht $10^0/_0$ gegen Bauern auch schon Wucher gewesen wäre! Das muss denn auch unter Umständen von dem herrschenden Stande selbst empfunden worden oder doch durch eine drohende Revolution seinem Verständnisse näher gerückt worden sein, denn es gab Fälle genug, wo Schulderleichterungen[2]) eingeführt wurden, einmal war sogar vorübergehend das Zinsnehmen ganz verboten, als die Bauernschaft in verzweifeltem, endlosem Ringen die Existenz des Römerstaates mit ihrem Blute erkaufte[3]). Aber auch an tiefer eingreifenden Reformbestrebungen fehlte es nicht. Schon im Jahre 486 v. Chr. soll ein Patricier namens Spurius Cassius einen Gesetzvorschlag eingebracht haben, nach welchem die großen Staatsdomänen theils ordentlich verpachtet, theils an die Bedürftigen vertheilt werden sollten. Da jedoch auch den Bundesgenossen an diesem Geschenke ein Antheil zugedacht gewesen sei, hätten auch die Plebejer mit dem Adel gemeinsam Stellung gegen den Reformator genommen, welcher hierauf wegen Usurpation der königlichen Gewalt hingerichtet worden sei[4]). Weit wichtiger ist das licinisch-sextische Gesetz vom Jahre 367 v. Chr., welches ein Besitzmaximum von 500 Jugera bezüglich der frei occupierbaren Staatsdomänen festsetzen und die Großbesitzer zwingen sollte, eine zu der Masse der unfreien Knechte im Verhältnis stehende Anzahl freier Arbeiter zu halten[5]). Es ist wohl selbstverständlich, dass bei der Herrschaft

---

[1] S. Mommsen l. c. I., p. 231.

[2] So hob die lex Poetelia die drückende Schuldknechtschaft auf. (326 v. Chr.)

[3] S. Ed. Meyer im Handwörterb. d. Staatswissensch., II. Suppl.-Bd. Art. „Plebs", p. 664 ff.

[4] S. dar. Mommsen l. c. I., p. 279.

[5] S. dar. Mommsen l. c. I., p. 294 ff., und Bücher, Die Aufstände der unfreien Arbeiter 143—129 v. Chr. (Frankf. a./M. 1874). p. 24 ff.

der großgrundbesitzenden Senatoren und der leichten Möglichkeit, dieses Gesetz zu umgehen, auch dieser Reformruf wirkungs-
los verhallte. Jedenfalls zeigt er, dass schon im 4. Jahrhundert
v. Chr. nach griechischem Muster die Sclavenwirtschaft soweit
um sich gegriffen hatte, dass sie dem verarmten, um seinen
Besitz gekommenen Bauer, wenn er sich als Taglöhner fort-
helfen wollte, die schärfste Concurrenz bot, wie aus der gesetzlichen Fixierung eines Verhältnisses zwischen Sclaven und
freien Arbeitern hervorgeht. Ganz im Einklange mit dieser
Entwickelung ist das Eindringen von Freigelassenen in die
städtischen Gewerbetreibenden[1]). Denn wenn der Ackersclave
als solcher in seiner Unfreiheit und Ausnützungsfähigkeit den
größten Wert besitzt, so verspricht umgekehrt der in irgendeinem Handwerk geschulte Knecht seinem Herrn den größten
Gewinn, wenn ihm ein kleines Capital zum Gewerbebetrieb
überlassen und ihm bei einigem Fleiße die Möglichkeit geboten
wird, von seinen Ersparnissen durch Entrichtung einer regel-
mäßigen Rente sich freikaufen zu können, eventuell auch
weiterhin noch im Vertragswege bestimmt wird, dass er dem
Herrn ständig einen Gewinstantheil auszuzahlen habe. Nur so
ist es erklärlich, dass schon 10 Jahre nach dem licinisch-sextischen Gesetze[2]), um dem Staate eine gute Einnahmsquelle zu
eröffnen, bestimmt wurde, es sollten 5% von dem Werte des
freizulassenden Sclaven als Steuer zu entrichten sein. Und als
dann später jene Summen zu einem Fonde für den Fall beson-
derer Kriegsnoth bestimmt wurden, fanden sich im Jahre 209
v. Chr. 4000 Pfund Gold in der Staatscassa.

So hat sich denn in Rom mangels innerer
Durchbildung der stadtwirtschaftlichen Epoche
und durch den ausländischen Handel das Capital
nicht dort entwickelt, wo es — geradeso wie in
Deutschland — seine ersten Ansätze genommen
hatte: im städtischen bürgerlichen Mittelstande,
sondern in und aus den Latifundien des Adels ent-
sprang auch das mobile Capital, dem Besitze
folgend und nicht der freien Arbeit: und es ist
klar, dass schon eine derartige Bildung von außen
herein, nicht von innen heraus, und folglich auch

---

[1]) Eben um diese Zeit (ca. 377 v. Chr.) erbt Demosthenes in Athen
von seinem Vater eine große Zahl „Gewerbesclaven". Nichtsdestoweniger
bleibt es sehr fraglich, ob das cit. Gesetz nicht in das 2. Jahrh. vor Chr.
zu setzen ist, wo die Sclavenwirtschaft größere Dimensionen angenommen
hatte. S. d. Ed. Meyer Unters. z. G. d. p. 90.

[2]) Also 357 v. Chr. Bücher l. c. p. 24,25.

nicht den ganzen Complex von Einzelnwirtschaf-
ten ergreifend und durchgreifend gewaltige sociale
Übel hervorrufen musste. Rom aber konnte und
sollte noch viel tiefer sinken. Denn noch immer
war, namentlich durch das Zurückbleiben des
Bürgerstandes, die Bauernschaft Grundfeste und
Grundbedingung des Staates; und der Krieg mit
Hannibal, welcher genau so wie ein Jahrhundert vorher das
verzweifelte Ringen mit den Samniten Roms Kraft bis zum
alleräußersten Aufgebot erprobte, hat genau so wie früher
jenes tapfere Bergvolk eine geschlossene, unüberwindliche
Bauernschaft gefunden, welche durch ein Decennium hindurch
alljährlich Heere von 70.000 Mann aufzustellen imstande war[1]).
Dass dies aber geschehen konnte und dass nicht,
wie in Etrurien, durch die Adeligen der gesammte
Grundbesitz aufgesogen und damit ein Staat ohne
Volk und Volkskraft gebildet wurde, dies ist in
Rom einzig und allein die Folge eines Institutes,
von welchem es zweifelhaft ist, ob seine tiefe
sociale Bedeutung erfasst und gewürdigt worden
oder ob es einzig und allein die Sicherung und
Beherrschung der unterworfenen Gebiete zum
Zwecke hatte: Der Verwendung des eroberten
Landes zur Ackeranweisung an römische Bürger,
sei es in Form der Coloniengründung oder der
Einzelassiguationen[2]), welche nach der successi-
ven Eroberung Unter- und Mittelitaliens[3]) die
römische Nationalität überall zur Herrschaft
gebracht, aber auch den durch den Kriegsdienst
und die adeligen Wucherer wirtschaftlich gebro-
chenen Bauernstand immer wieder zu neuem Leben,
zu neuer Kräftigung verhalfen, während in Etrurien der Adel, wie es scheint, auch das ganze
eroberte Land an sich gerissen hat, der römische
Adel hingegen einsichtig genug war, um sich nur
die Domänen allein zu reservieren; und eben
darum hat Rom die Etrusker, aber auch Hannibal
und die Karthager überdauert.

---

[1]) S. Ed. Meyer im Handwörterbuch d. Staatswissensch., II. Suppl.-
Bd. p. 442.
[2]) S. dar. p. 19.
[3]) Vollendet im Jahre 266 v. Chr.

VI. Volkswirtschaftliche Organisation und Herrschaft des Capitals.

Noch im ganzen 3. Jahrhundert v. Chr. bis nach dem zweiten punischen Kriege ruht Roms wirtschaftlicher und politischer Schwerpunkt in der Bauernschaft und darum die Regierung in den Händen der Aristokraten[1]. Aber schon beginnt die Anhäufung und der Siegeslauf des mobilen Capitals. **Schon das 3. Jahrhundert brachte die Eroberung von Mittel- und Unteritalien nebst der Unterwerfung der reichen griechischen Kaufstadt Tarent und mit der Erstürmung des Lagers des Pyrrhus eine unermessliche Beute, von welcher der gewaltige Aquäduct zwischen Tibur und Rom gebaut wurde[2]. Nach dem Falle Tarents wird die bisherige Kupferwährung zur Silberwährung[3] und die nach allen Richtungen der unterworfenen Gebiete angelegten großen Straßenbauten dienen nicht nur militärischen Zwecken, sondern auch regem Handelsverkehre, wozu die im Feindeslande neu gegründeten Colonien[4] das Ihrige beitragen. Dadurch nehmen die römischen Städte, und vor allem Rom selbst, einen großen Aufschwung. Ihre Bevölkerung mehrt sich gewaltig.** Handel und Gewerbe erhalten Nahrung durch das als Kriegsbeute einströmende Gold. Und in demselben Maße und während derselben Zeit, als **Rom und seine Municipien an Bevölkerung zunehmen, geht Griechenland und seine Volkszahl** unter einer furchtbar entarteten Capitalwirtschaft rapid zurück. Und je mehr **italisches Getreide** nun die **Römer selber brauchen, umso weniger bedürfen desselben die Griechen,** und der italische Getreideexport hört mit dem Augenblicke vollständig auf, da das Capital in Rom seinen Siegeszug beginnt: **Rom lebt von eigenem Getreide, und in der gesteigerten Volkszahl und Kaufkraft der Städte findet Bauer und Großgrund-**

---

[1] Ed. Meyer im Handwörterb. d. Staatswissensch. II. Suppl.-Bd., p. 441 ff.

[2] S. Mommsen, Röm. Gesch., I., p. 409.

[3] S. H. v. Scheel in Hildebrands Jahrb. 1866, I. Bd., p. 19 ff.

[4] Paestum, Cosa, Beneventum, Tesernia etc.; s. dar. Mommsen l. c. I., p. 411.

besitzer eine genügende Absatzstelle für agricole
Producte.

Das 2. Jahrhundert v. Chr. führt diese Entwickelung
ununterbrochen weiter, ja es steigert dieselbe: Die alte, ein-
fache Bauernsitte schwindet, der Luxus nimmt zu.
Der ältere Scipio Africanus[1]) ist der erste, welcher eine
geschnittene Gemme im Ringe trägt[2]). Später tragen
die Römer Ringe an allen Fingern[3]).

Immer neue Eroberungen füllen die Casse des Staates
und der siegreichen Officiere mit Silber und Gold:
Die spanischen Bergwerke werden verpachtet[4])
und 3 Friedensverhandlungen, welche alle kurz nacheinander
um das Jahr 200 v. Chr. abgeschlossen werden, bringen
allein eine Beute an Gold im Gesammtbetrage von
115 Millionen Mark[5]). Natürlich müssen die Bedürfnisse
und die Deckung derselben durch regen Importhandel umso
mehr zunehmen, als die Entwickelung des römischen Gewerbes
diesem rapiden, künstlichen Aufschwunge der Kaufkraft nicht
gleichen Schritt halten kann. Darum müssen neue Zollstationen
an der campanischen und brettischen Küste angelegt werden[6]),
während das Gold als internationales Zahlungs-
mittel seinen Einzug in die römische Volkswirtschaft und die von Rom unterworfenen Gebiete
hält[7]). Der Kaufmannsgeist bemächtigt sich aller: Jeder
Römer führt genau Buch über alle abgeschlossenen Geschäfte
und diese Eintragungen genießen — ungefähr so wie heute
nach dem Handelsgesetzbuche die kaufmännischen
Bücher — gerichtliche Beweiskraft, das mobile Capital
hat gesiegt.

Allerdings hätte dieser Umstand und der stets umsich-
greifende Handel der Volkswirtschaft noch nicht geschadet,
wenn das Geldcapital sich damit begnügte, die Kauffähigkeit
im allgemeinen gesteigert zu haben. Aber das Capital sucht
nach dauernder, zinsbringender Anlage. Wo aber fand es ein
solches Object in Rom, wo das mobile Capital sich noch nicht
aus dem Handwerk herausgebildet hatte, wo noch keine

---

[1]) Lebt von 235—183 der Zeitgenosse und gefährlichste Gegner Hannibals.

[2]) Plin. N. H. 37, 85.

[3]) Quintilian 11. 3, 142, dar. Marquardt, Privatleben, II., p. 701.

[4]) Mommsen, Röm. Gesch., I., p. 793.

[5]) S. Marquardt und Mommsen, Röm. Staatsverwaltung, V./2, p. 282.

[6]) S. Mommsen, Röm. Gesch., I., p. 793.

[7]) S. Mommsen l. c. I., p. 844, vergl. H. v. Scheel in Hildebrands
Jahrb. 1866, 1. Bd., p. 19 ff.

Industrie vorhanden war, auf die es sich in erster Linie hätte
werfen können, wie es heute in den modernen Staaten
geschieht! Darum verfällt das Capital auf unproductive
Anlagen, auf Auswucherung der italischen Bauern, auf Pach-
tung von Zöllen, Steuern, auf Wechseln von Valuten
zwischen Römern und Provinzialen, auf Vor-
streckung von Summen an diese, wenn sie die Steuern
nicht bezahlen können, wobei geradezu horrende Procent-
sätze zur Anwendung gelangen. Die Werterzeugung ist dem
römischen Capital fast ganz fremd; das Maximum seiner
Leistung ist die Werterhöhung eines bereits fertigen Productes
im Wege des Handels. Darum finden wir auch das Associationswesen so scharf ausgeprägt, dass es praktisch auf die
heutige Assecuranz und das Actienunternehmen
hinausläuft; es gab nach Polybius' Zeugnis in Rom
kaum einen vermögenden Mann, der nicht als offener
oder stiller Gesellschafter an den Staatspachtungen
betheiligt gewesen wäre und nach dem Muster des
sittenstrengsten aller Römer, des beredtesten Vorfechters alter
bäuerlicher Beschäftigung, wird wohl auch jeder andere Reiche,
geradeso wie der alte Cato, einen guten Theil seines
Geldes in Handelsunternehmungen angelegt haben. Cato
selbst behauptet zwar, dass sein Vermögen lediglich aus
zwei Quellen stamme: Aus dem Ackerbau und der Sparsam-
keit. Aber so sehr er Landwirt war und sich als solcher
fühlte, gibt er doch selber den Rath, lieber mit 49 anderen
50 Seeschiffe auszurüsten und an jedem mit $\frac{1}{50}$ des
Gewinnes oder Verlustes betheiligt zu sein, als
allein ein solches zu befrachten und die ganze Gefahr
zu tragen[1]. Und er selber hat auch diesen Rath getreulich
befolgt; ein Zeichen, wie tief das mobile Capital seine Wurzeln
im 2. Jahrhundert v. Chr. geschlagen, wie sehr es sich in das
Leben des Römerthums hineingepflanzt und selbst diejenigen
ergriffen hat, deren Beschäftigung dem Capitalismus und der
Speculation am heterogensten gegenübersteht. Darum kennen
die Römer das productive Capital fast gar nicht und der
Urbegriff des Eigenthums ist ihnen die dem Feinde
abgenommene Beute. (Maxime sua esse credebant
quae ex hostibus cepissent. Gaius Just. IV., 16.)
Die Art und Weise, wie das mobile Capital in Rom
entsteht, ist demnach allerdings verschieden von der, wie es
in Deutschland und überhaupt in unseren modernen Staaten

---

[1] S. Mommsen, Röm. Gesch., I., p. 848.

langsam aus der productiven Arbeit hervorwächst. Aber in der
Art, wie das einmal vorhandene Capital wirkt, darin gleicht
es immer und überall sich selbst, auf welchem Wege es auch
in die Volkswirtschaft gekommen sei: Das moderne Capital
der industriellen Culturländer braucht Absatzgebiete für seine
Waren und sucht dieselben naturgemäß bei culturell niedriger
stehenden Völkern, welche Mangel an höher qualificierten
industriellen Producten und dafür Überfluss an Getreide
haben. Gegen dieses tauscht nun das Capital die Erzeugnisse
seiner Fabriken und führt billiges Getreide ins Culturland
zurück, womit es sich einen doppelten Vortheil sichert. Denn
erstens wird dadurch die Rückfracht mit Gewinn abzusetzen
sein und zweitens wird durch das billige Getreide die Möglichkeit geboten, den Lohn der industriellen Arbeiter und damit
die Productionskosten zu erniedrigen.

Zu demselben Resultate, wenn auch nicht ausgehend von
exportierbaren Industrieproducten, kommt gar bald auch das
römische Capital, zumal es am Grundbesitze haftet, auf den
Gedanken, das auf den städtischen Märkten gut absetzbare
Getreide aus der eroberten Provinz Sicilien nach
Italien zu führen. Dabei unterstützt diesen Zug des Capitals
noch der ungeheuere Überfluss an Land, welches, von den
Unterworfenen abgetreten, spottbillig zu pachten ist,
sowie das in den eroberten sicilischen Gebieten
gefundene Muster von karthagischen Plantagenwirtschaften mit unzähligen gefesselten Sclaven.
So strömen ungezählte Capitalien, insbesondere aber die der
Aristokratie, der Latifundienbewirtschaftung zu; denn ein altes
Herkommen und seit dem Jahre 218 v. Chr. überdies noch
ein von der demokratischen Opposition eingebrachtes Gesetz
verbieten den Senatoren jede speculative Capitalsanlage. Der
Zweck dieser Bestimmung liegt wohl darin, dass
es sich für die Regierenden nicht gezieme, selber
mit sich als Regierung Privatgeschäfte zu machen,
also Steuern, Gefälle etc. zu pachten, dass es aber auch für
die Regierenden in einem Bauernstaate nicht passe, Handel zu
treiben, denn dieser erscheint dem Bauer immer als eine betrü-
gerische und unedle Thätigkeit, wobei der Gewinn entweder
darin liegt, dass man jemanden überrede, für eine Sache mehr
zu bezahlen, als sie wert sei, oder darin, dass man sie
jemandem unter dem Werte abgedrückt habe. So greift denn
das römische Capital umsomehr auf diese fixe und unveränder-
liche Anlage, als, wie erwähnt, dem Römerthume jener fast
unerschöpfliche Abzugscanal für anlagebedürftige Capitalien,

welcher heute durch industrielle Anstalten geboten ist, fast vollständig fehlt.

Allerdings ist das Rom des 2. Jahrhunderts v. Chr. eine Weltverkehrsstadt geworden, in welcher die Häuser nicht Raum genug haben, um die Tausende von Verkaufsläden aufzunehmen, welche Erzeugnisse aus aller Herren Länder feilhalten. Darum baut man Buden vor die Häuserreihen in die Straßen, wodurch dieselben bis zur Unpassierbarkeit verengt werden. Schaulustige, Feilschende und Ausrufer bilden eine dichte, lärmende Masse, durch welche man sich oft mit Ellenbogenstößen Platz schaffen muss. Neben dem immer noch bestehenden einheimischen, einfachen Gewerbe, das die Bauernschaft der Landtribus mit den nöthigen Werkzeugen und anderen Bedarfsartikeln versorgt[1]), bildet sich eine gewaltige Zahl von Luxusgewerben, welche dem gesteigerten Bedürfnisse einer plötzlich kaufkräftig gewordenen Bevölkerung dienen: Griechische Meister sind in Rom keine Seltenheit[2]) und Ciseleure, Gold- und Silberschmiede, Modelleure, Goldschläger, Vergolder, Bildhauer, Perlarbeiter, Edelsteinschleifer und -Schneider haben vollauf zu thun[3]). Parallel mit dieser neuen gewerblichen Entwickelung nimmt der Handel einen ungeheueren Aufschwung, seine Bilanz aber ist durchgängig passiv, während die frühere Exportepoche mit Getreide Deckung gegeben hatte. Geld strömt massenhaft und unaufhaltsam nach dem Auslande[4]), ja nicht einmal an der Nordgrenze scheint man imstande gewesen zu sein, den uncivilisierten keltischen Völkerschaften für Sclaven eine Warendeckung zu geben, denn schon im Jahre 231 v. Chr. wurde die Ausfuhr von Silbergeld nach dem Keltenlande untersagt[5]). Als Importwaren

---

[1]) Darum räth Cato dem campanischen Landwirt, seinen Bedarf an Sclavenkleidern, Schuhen, Pflügen, Fässern und Schlössern in Rom zu decken. Mommsen, Röm. Gesch., I., p. 842. Über Wollstoffproduction Plutarch Cato 21 und Mommsen l. c. Vergl. Cato de le rust. 135.

[2]) G. W. Drumann, Die Arbeiter und Communisten in Griechenland und Rom, p. 155 ff.

[3]) Über alle diese Gewerbe s. Friedländer, Sittengesch., I., p. 267/8. Vergl. Marquardt, Privatl. d. Römer, II., p. 411 ff., sowie die dort angeführten Quellen.

[4]) Jetzt gilt das Wort H. v. Scheels in Hildebrands Jahrb. 1866, p. 332: „Geld war also fast der einzige Ausfuhrartikel der Römer".

[5]) Mommsen l. c. I., p. 850.

fungieren: Öl[1]), feine Leinenzeuge[2]), Papier[3]), Medicamente, Salben, Parfums u. dgl.[4]), sowie Glas und Glaswaren[5]), Luxusholz[6]), Geschirr[7]), feine wollene Gewebe[8]), später kommen Seide, Pelze, Weine, Delicatessen etc. dazu[9]).

VII. Das Capital und die Arbeit. — Sclaverei.

Zu allen Zeiten und überall, wo innerhalb eines organischen Volksganzen in einigen Einzelwirtschaften eine Güterübermacht und in anderen ein Gütermangel constant zu erscheinen beginnt, überall dort wird die Güterübermacht zum Capital, d. h. sie organisiert sich nach zwei Richtungen hin: Erstens bezüglich eines ausnutzbaren Anlageobjectes, zweitens bezüglich der dazu nöthigen Arbeitskräfte, welche so billig als möglich verschafft werden sollen. Zum Anlageobjecte ist bei den Römern, wie oben erwähnt, hauptsächlich Grund und Boden geworden. Die Arbeit im Dienste des antiken Capitals ist durchaus die Sclaverei. Natürlich unterscheidet sich dieses Verhältnis sehr bedeutend von dem der früheren capitallosen Epochen: Es ist ein großer Unterschied, ob der Sclave zur Familie zählt und einen Theil der ihr zur Selbstversorgung und Erhaltung nöthigen Arbeitskräfte bildet, wobei das von ihm geforderte Maß der Leistung nie ein übermäßiges sein kann und außerdem ein guter Theil seiner Arbeit ihm selber zufällt, oder ob der Sclave einen unübersehbaren Acker zu

[1] Hirschfeld in Leutschs Philologus, Bd. 29, p. 80.
[2] Ordinäres Linnen im Hause bereitet; s. §. 11, Dig. 32, 70; s. dar. Marquardt, Privatl., II., p. 481.
[3] Marquardt l. c. II., p. 809.
[4] Derselbe II., p. 781, Plin. H. N. 34, 108 u. 12, 84; für Perlen und — Odores — rechnet Plinius — gehen jährlich 100 Millionen Sesterzen (circa 22 Millionen Mark) ins Ausland. Plinius lebt allerdings erst im 1. Jahrh. n. Chr., wo dieser Import noch weit gewaltiger war als 200 Jahre vorher; ferner Mommsen, Röm. Gesch., II., p. 401.
[5] Marquardt, Privatl., II., p. 748 und die dort citierten Quellen.
[6] Insbes, das des Lebensbaumes; dar. derselbe, II., p. 722 und Quellen. Ein derartiger Tisch des Cicero kostete nach Plinius 108,760 Mk. Seneca (im 1. Jahrh. n. Chr.) hat schon 500 solcher Tische.
[7] Marquardt l. c. p. 661.
[8] Ders., II., p. 476 ff. Grobe Gewebe sind Producte der einheimischen Walker; s. p. 44, Anm. 1. S. ferner: Columella 7, 2, 1; Juv. 12, 42; Plin. N. H. 8, 191; Colum. 7, 2, 4.
[9] S. Friedländer, Sittengeschichte, I., p. 15 ff. u. die citierten Quellen. Vergl. Marquardt, Privatl., I., p. 289; über Pelze derselbe, II., p. 587, über Luxus-Import-Artikel s. Mommsen, Röm. Gesch., I., p. 875.

bebauen hat und die Ausnützungsgrenze seiner Arbeit nicht in dem Bedarfe einer Familie gelegen ist, sondern in dem physischen Arbeitsmaximum des Knechtes, weil die Arbeitsfrucht auf dem Markte gewinnbringend zu verwerten ist und der Gewinn umso größer wird, je mehr Arbeitserfolg aus dem Sclaven erpresst werden kann[1]. Als Theil der Familienarbeitskraft ist der Sclave des alten Rom in seiner Stellung von der des Haussohnes rechtlich wie factisch kaum unterschieden. Als billiges Arbeitsmaterial im Fabriksbetriebe der Latifundien hingegen hat die Sclavenschaft — so viel Eigenthümlichkeiten ihre Wirtschaftsform auch bieten mag — volkswirtschaftlich doch genau dieselbe Wirkung, wie eine im Lohne auf das Existenzminimum herabgedrückte freie Arbeiterschaft der modernen Zeit. Und geradeso wie heute ein auf das Existenzminimum gesetzter Arbeiter keine Familie erhalten oder gründen kann und das Arbeiterproletariat bei solch schweren Zeiten in Noth und Elend massenhaft dahinstirbt, so kann auch in jener antiken Wirtschaftsform, deren Productionskosten beständig auf diesem Minimalsatze basieren, kein freier Bürger, welcher eine Familie zu erhalten hat, in irgendeinem Erwerbszweige, in welchem Sclavenwirtschaft eingeführt ist, als einzelner im Kleinbetriebe noch concurrenzfähig sein. Darum klagen die Landsleute des reichen Phokers Muason, als dieser 1000 Sclaven in seine griechische Heimat einführt, dass er ebensoviele Bürger um ihre Existenz bringe, als er Sclaven importiert habe[2]! Auch hier wieder eine ganz ähnliche Wirkung wie in modernen Verhältnissen. Die Gründung von Fabriken hat ganze Handwerkszweige und damit mindestens ebensoviele, früher selbständige Existenzen vernichtet, als nun Arbeiter in diesen Betrieben thätig sind. Und wenn im Alterthume das einzige Übergewicht der Sclavenarbeit über den freien Kleinbetrieb in jenen permanent niedrigsten Productionskosten liegt, während der moderne Capitalist nicht immer Arbeiter um den Minimallohn finden kann, so ist er doch hin-

---

[1] Daher sehen wir in den alten römischen Bauernwirtschaften Sclaven und Herren zusammen an einem Tische speisen und noch Catos Frau säugt auch die Sclavenkinder, um ihre Zuneigung zur Familie zu erwerben (Plutarch Cato maior. 20). Welch ein crasser Unterschied zu der nach dem 2. punischen Kriege (um 200 v. Chr.) auftretenden gefesselt arbeitenden Sclavenherden, welche strenge bewacht, im unterirdischen „Zwinger" die Nacht verbringen, s. Mommsen, Röm. Gesch., II., p. 76; Marquardt, Privatl., I., p. 183.

[2] S. Ed. Meyer in Conrads Jahrb. 1895, p. 723.

wieder durch die dem Alterthume fast ganz unbekannten Maschinen auch dem Kleinbetriebe in jenen Zeiten concurrenzlos voraus, wo theuere Löhne vorübergehend seine Productionskosten sehr erhöhen. Gesetzt aber selbst den Fall, dass in Ermangelung fremder Sclaven das antike Capital genöthigt gewesen wäre, das eigene römische Proletariat in der Form eines „freien" Lohnvertrages arbeiten zu lassen, so ist es — zumal bei der völligen Freiheit der römischen Vertragsschließung — wohl mehr als wahrscheinlich, dass gegenüber einer Unzahl von Arbeitsuchern die wirtschaftliche Übermacht des Capitals ebenfalls zum Minimallohne und damit zu ganz denselben Verhältnissen geführt hätte[1]).

Das Sclaventhum ist somit, wie schon aus der Änderung seines Wesens beim Übergange zur capitalistischen Epoche sich zeigt, kein selbständig zu betrachtender wirtschaftlicher Factor, sondern nur eine Folgeerscheinung; m. a. W.: Das Sclaventhum hat darum auch an und für sich auf den Gang der antiken Cultur gar keinen Einfluss genommen: Dieselbe ist mit und trotz jener uralten Institution zu einer gewaltigen Höhe emporgestiegen und mit jener capitalistisch ausgearteten Institution gefallen. Die Sclaverei ist niemals Ursache, sondern immer nur Wirkung gewesen, und darum hört sie auch, wie sich unten[2]) zeigen wird, mit dem Augenblicke auf, da das Capital keine Möglichkeit mehr sieht, seinen Producten Absatz zu verschaffen und überhaupt sich zu verzinsen: genau so wie heute Arbeiter und Arbeiterfrage nicht mehr existierten, wenn das Capital in seinen Anlageobjecten keinen Gewinst, keine Verzinsung mehr sähe.

Allerdings ist es gegenüber der freien Arbeit ein charakteristischer Unterschied des Sclaventhums, dass dieses zur Hervorbringung qualificierter Arbeit fast gänzlich ungeeignet ist. Fehlt ihm doch jeder wirtschaftliche Impuls, wie etwa beim freien Arbeiter das Vorrücken in bessere Lohnclassen, Prämien etc. Darum ist die eigentliche Sclavenwirtschaft auch nur dort zur Herrschaft gelangt, wo fast nichts anderes gefordert wird, als physische Kraftleistung, also in erster Linie bei der Bebauung des Bodens. Es ist wohl selbstverständlich, dass diese Plantagenbetriebe nur extensiv, niemals intensiv arbeiten. Und selbst dabei ist für die südamerikanischen Verhältnisse der Neuzeit statistisch

---

[1]) Vergl. H. v. Scheel, Die wirtschaftlichen Grundbegriffe im corpus juris in Hildebrands Jahrbuch 1866, p. 342/3; vergl. auch Ed. Meyer in Conrads Jahrb. 1895, p. 749, und im Handwörterb. d. Staatswissensch., II. Suppl.-Bd., p. 444.

[2]) s. p. 80.

ein gewaltiger Rückgang der Production beobachtet worden [1]),
während in den nordamerikanischen Staaten mit freier Arbeit
die Production sich hob und in Nordamerika, woselbst mehr
Industrie als Ackerbau betrieben wurde, die Sclavenzahl von
selbst und ohne alle äußeren Einflüsse von Jahr zu Jahr sich
verminderte [2]).
Genau so liegt das Verhältnis auch im alten Rom. Das
typische Bild der Sclaverei bieten nur die Latifundien, während
in den Städten die Sclaven theils als Hausgesinde,
theils als zu gewerblichen Arbeiten erzogen, eine
factisch ziemlich freie Stellung genießen. Namentlich diejenigen,
welche irgendein Handwerk oder eine Kunst verstehen, haben
entweder die Aufgabe, in den reichen Familien nur den Hausbedarf zu decken [3]) oder sie werden von ihren Herren als
selbständige Gewerbetreibende mit einem kleinen
Capitale (peculium) ausgerüstet und erlangen damit entweder
sofort gegen einen beständig zu zahlenden Gewinnantheil oder
erst später, wenn sie genug erwirtschaftet haben, um sich
loszukaufen, die Freiheit [4]). Und selbst diejenigen, welche zu
dem Zwecke gehalten wurden, um aus ihrer zeitweisen Ver-
mietung [5]) ein Einkommen zu erzielen, dürften wohl auch,
damit sie besser im Interesse ihrer Herren thätig seien, einen
Theil der Entlohnung erhalten haben. Und wenn wir lesen,
dass Crassus [6]), Cäsars Verbündeter, der in Häusern specu-
lierte, alle Arten von Bauhandwerker-Sclaven in
großer Zahl besaß, so ist es wohl selbstverständlich, dass auch diese besser gehalten wurden, als

---

[1]) S. Achille Loria, Die Sclavenwirtschaft im modernen Amerika und
im europäischen Alterthume in Bauers und Hartmanns Zeitschr. f. Social-
und Wirtschaftsgesch., Weimar 1896, 4. Bd., p. 68 ff.; 7% Rückgang in den
Sclavenstaaten gegen 22% Steigerung der Ernte in den Staaten mit freier
Arbeit von 1840—1850.

[2]) S. Wagner, Grundlegung der polit. Ökonomie, II. Theil, 3. Aufl.,
p. 60 ff., insbes. die statistische Tabelle p. 63.

[3]) So Köche, Friseure, Barbiere, Ärzte, Stickerinnen,
Schauspieler, Erzieher etc.

[4]) S. dar. Mommsen, Röm. Gesch., III., p. 510. Oft treten sogar
schwere Klagen über die Ausnützung der Freigelassenen von Seiten der
Patrone auf; (l. 2 Dig. 38, 1) s. dar. Poehlmann, Die Übervölkerung der
antiken Großstädte, p. 33.

[5]) S. dar. Näheres bei Mommsen l. c. II., p. 74 ff.; ferner Bücher
im Handwörterb. d. Staatswissensch., III., pag. 929; Marquardt, Privatl.,
I., p. 183; Sogar Gladiatoren werden zu einem Kampfe ver-
mietet; Friedländer, Sittengesch., I., p. 227 ff.; Rodbertus in Hildebrands Jahrb. V., p. 307, nach welchem auch Stiefelputzer, Last-
träger und Mietswagenkutscher Sclaven sind.

[6]) Lebt im 1. Jahrh. v. Chr., s. dar. Plutarch, Crassus cap. 2.

die Knechte der Latifundien, deren Arbeit, wie die
des Ackerstieres, mit Stockschlägen zu erzielen
und zu beschleunigen ist, während die des Maurers,
Zimmermanns und Dachdeckers hingegen, in ihrer Solidität
und Dauerhaftigkeit, welche in erster Linie zu erzielen ist,
kaum erzwungen werden kann; ganz abgesehen davon, dass
der zu qualificierten Arbeiten ausgebildete Sclave einen
ungleich höheren Wert repräsentiert als der ungelehrte und
folglich schon deshalb weit mehr geschont und gepflegt
werden musste[1]).

Immerhin aber mag die Anschauung, dass gerade durch
das Sclaventhum, dessen Arbeit, ebenso wie heute die mit
Minimallohn bezahlte, beständig auf der alleruntersten Stufe
steht, das Alterthum in seinen technischen Productionsmitteln
(Maschinen) gar so auffallend zurückgeblieben sei, eine gewisse
Berechtigung haben[2]).

Sicher aber ist, dass die Productionskosten bei Sclavenwirtschaft, namentlich auf den Latifundien, unendlich geringe
sind, einerseits durch die große Wohlfeilheit der ungebildeten
Sclaven, wodurch zu den Unterhaltskosten nur eine verschwindend kleine Amortisationsquote hinzukommt, andererseits durch die Unterhaltskosten selbst, welche eigentlich nur
in dem zur Nahrung dienenden Getreide bestehen; dieses aber
kommt auch kaum in Betracht angesichts der ungeheueren
Ackerflächen, welche man nicht zu kaufen, sondern nur den
Unterworfenen abzunehmen braucht.

Die Preise der Sclaven aber sind von 200 v. Chr.,
also von der Beendigung des Krieges mit Hannibal,
an bis um Christi Geburt, zum Beginne der Kaiserzeit durch die fortwährenden Kriege und den
Menschenraub[3]) durchgängig niedere gewesen.
Ein Ackersclave kostete zwischen 500 und 1000 Mark.
Daneben aber werden in irgendeiner Kunst erfahrene Servi zu
ungeheueren Summen losgeschlagen, und einmal ist sogar
der exorbitante Preis von 126.000 Mark überliefert[4]).

Maßgebend für Sclavenpreise überhaupt wird im 2. Jahrhundert v. Chr. der griechische Markt. Auf der Insel
Delos, dem größten Handelsplatze der antiken Welt bezüglich

[1]) Vergl. Mommsen, Röm. Gesch., I., p. 843 und III., p. 6.
[2]) S. dar. Loria l. c., p. 70.
[3]) S. Mommsen I. c. II., p. 74.
[4]) S. dar. die Zusammenstellungen über den „vierten Stand in Rom"
von Rudolf Meyer-Krämer in der Vossischen Zeitung, 1898, 24. April und
1. Mai.

dieses gesuchten Artikels, wurden des Morgens bisweilen
10.000 Sclaven ausgeschifft und noch am Abende desselben
Tages war der ganze Vorrath verkauft[1]).
Dieser reißende Absatz wird nur begreiflich, wenn man
sich den starken Zug des Capitals seit dem 2. Jahrhundert
v. Chr. nach der Anlage in Latifundien und die bedeutende
Zahl der Sclaven auf diesen Großbesitzen vor Augen hält.
Der Freigelassene G. Caecilius hinterlässt bei
seinem Tode im 1. Jahrhundert v. Chr. 4116 Sclaven[2]),
und es ist wohl gewiss, dass eine Zahl von mehreren hundert, ja auch tausend Sclaven und darüber noch gar
nichts Abnormales für die damaligen Verhältnisse bedeutete[3]).

VIII. Das Ergebnis der capitalistischen Wirtschaft.
— Billiges Getreide.

Es ist bereits erwähnt worden, wie furchtbar hart der
Kriegsdienst auf der römischen Bauernschaft lastete und wie
viele Besitzer, durch die lange Abwesenheit in einem Kriege
an der Feldbestellung verhindert, nach ihrer Rückkehr in die
Heimat der Überschuldung und dem Wucher zum Opfer
fielen! Und dennoch findet der Krieg mit Hannibal (218—202
v. Chr.) eine geschlossene und unüberwindliche Bauernschaft in Mittel- und Unteritalien vor! Wenn nun trotz der
äußerlich ungünstigen Verhältnisse diese Bauernschaft sich
erhalten konnte, so ist damit der beste Beweis geliefert, dass
die innere Wirtschaftsorganisation eine durchaus gute, dass
der Kleinbesitz als solcher, auf gesunder, wirtschaftlicher
Basis ruhend, durchaus lebensfähig sein musste. Und als das
hat er sich in der That bewiesen.
Viele von denen, welche infolge des Kriegführens ihr
ursprüngliches Besitzthum verloren hatten, und mit Hilfe der
Assignationen im Feindeslande neue Bauernhöfe erhielten,
fanden auskömmlichen Lebensunterhalt und trugen die Herrschaft der römischen Nationalität durch ganz Italien, zumal als
es der demokratischen Opposition gelungen war, durch die lex
Poetelia[1]) die Schuldknechtschaft zu beseitigen. Der Bauer,

[1]) S. Mommsen, Röm. Gesch., I., p. 75, und Marquardt l. c. I., p. 171 ff.
Hannibal erhält für seine Kriegsgefangenen in Griechenland pro Mann
375 Mk.
[2]) Marquardt, Privatl., I., p. 160.
[3]) Vergl. Friedländer, Sittengesch., I., p. 219.
[4]) 326 v. Chr.

welcher ohne die Erzeugnisse des städtischen Gewerbefleißes
nicht wirtschaften kann, muss auf seinem Gute verkaufbare
Überschüsse an agricolen Producten erzielen, um mit deren
Erlöse die ihm nöthigen Güter in der Stadt einzutauschen. Da
aber bis in späte Zeit das Hauptnahrungsmittel der Römer
Getreide bleibt[1]), so ist es hauptsächlich dieses, an dessen Production und guter Verkaufsfähigkeit das Wohl der Bauernschaft
hängt. Und in der That bilden die Städte und die Verproviantierung der ins Feld ziehenden Heere ein genügend reichliches
Absatzgebiet und genügende Preise, denn noch ist keine billiger
producierende Concurrenz vorhanden[2]).

Nun aber tritt das welterschütternde Ereignis ein: Der
lybische Löwe ist unterlegen, und, was er mit Todesmuth
beschirmte, fällt dem Sieger als willkommene Beute in den
Schoß: Karthago hatte eben nur goldene Schätze,
aber keine nervig zähe Bauernkraft. Der Krieg mit Hannibal
hat die Frage der Weltherrschaft endgiltig gelöst: Sicilien,
die unerschöpfliche Getreidequelle, bleibt unbestrittener
Besitz der Sieger. Die Römer triumphieren im Vollgefühle ihres
Glückes und ihrer Unüberwindlichkeit gegen äußere Feinde ;
aber das Danaergeschenk des Kornlandes muss sein Füllhorn
leeren über den begehrlichen Staat, der voll Habsucht sich selber
nicht mehr genügen will, und schon die Kinder derer, welche
den Siegesjubel von Zama anstimmten, sollten die zitternden
Zeugen eines beginnenden Siechthums sein, welches unmerklich
und verborgen das innerste Lebensmark der Weltenüberwinderin
Roma verzehrte. Stark genug, das Schwert gegen alle zu
schwingen, welche von Osten, Süden und Westen die Heimat
bedrohten, ein fester Wall gegen die Völkerflut des Nordens,
wird Rom es nicht vermögen, im eigenen Lande den nagenden
Wurm zu zertreten, welcher zerstören soll, was Millionen
Schwerter nicht zerstörten.

Und kaum ist Ruhe und Frieden wieder einge-
kehrt nach den aufreibenden Kämpfen, da beginnt
auch schon das Capital sich kräftig zu regen. Große
Gebiete hat der Krieg verödet. Sie werden nach wie vor zur
Gründung neuer Bauernhufen verwendet[3]). Aber das Capital

[1]) S. Marquardt und Mommsen, Staatsverwaltg., V./2, p. 110—112.
[2]) Wenngleich zeitweise schon in der zweiten Hälfte
des 3. Jahrh. v. Chr. zu Gunsten der hauptstädtischen
Bevölkerung im Auslande zusammengerafftes Getreide
äußerst billig abgegeben wurde; s. Marquardt und Mommsen, Staatsverwaltung, V./2, p. 113/4.
[3]) S. Mommsen, Röm. Gesch., I., p. 875.

sieht in dem reichen sicilischen Ackerlande eine neue und ausgezeichnet rentable Anlage, zumal wenn man den karthagischen Plantagenbau übernimmt. Und der Staat hin-
wiederum sieht in den Provinzialen und ihren Äckern eine
große Erleichterung seiner ständigen Ausgaben und
beginnt seine Sparmethode damit, den Unterworfenen eine
Naturalsteuer aufzuerlegen, deren hauptsächlich
aus Getreide bestehendes Ergebnis vor allem dazu
verwendet wird, um die Heere von nun an kostenlos zu
erhalten [1]). Weil aber dabei immer noch Steuergetreide übrig
bleibt, so befiehlt er den Ädilen, dasselbe billigst in
der Hauptstadt zu verkaufen, weil die Bevölkerung
Roms, namentlich das Proletariat, ohnehin schon seit langem
über die theueren Kornpreise geklagt hat, welche allerdings besonders während des Krieges mit Hannibal
infolge Verwüstung ganzer Landstriche auf fast unerschwing-
liche Höhe gestiegen waren [2]). Damit aber auch das Capital
seine volle Freude an der eroberten Provinz genieße, werden
die Steuern vom Staate nicht in eigener Regie eingehoben,
sondern die Hebung an den Meistbietenden verpachtet [3]).
Dieser muss für den Betrag Realcaution [4]) leisten — ein
neuer Anstoß zur Capitalsanlage in Grund und Boden — und
diese Grundstücke können wieder nicht besser ausgenützt werden
als durch Sclavenwirtschaft nach bewährtem Muster.

So zieht sich denn die Schlinge, welche Roms ganze Volkskraft, das Bauernthum, erwürgen soll, immer enger und enger
zusammen. Dass die freie Arbeit gegenüber der Sclavenwirtschaft der Latifundien absolut concurrenzunfähig ist, wurde
durch den Nachweis der niedersten Productionskosten begründet.
Und es ist klar, dass der Bauer, als einzelne Arbeitskraft, welcher
jedoch eine Familie zu versorgen hat, von seinem kleinen Gute
nicht soviel erarbeiten kann, als seinem Herrn ein Sclave erar-
beitet, welcher dasselbe leistet wie der Bauer, aber nur mit dem
ganz geringen Abzuge der zur eigenen Lebensfristung aller-
nöthigsten Nahrung. Dabei ist es für den Occupanten ziemlich
gleichgiltig, wie groß die zu bearbeitende Ackerstrecke sein
muss, um einen bestimmten Ertrag zu liefern. Da fast ins

---

[1]) Cicero acc. in Verr. 2. 2, 5; Marquardt und Mommsen, Staatsverwaltung. V./2. p. 112 ff.

[2]) S. dens., I., p. 837, Anm.: der Preis für den pr. Scheffel (= 52 l)
war fast 10 Mk.

[3]) Der Pacht besteht in einer Quantität Getreide (nicht
in Geld). Der Pächter heißt publicanus.

[4]) S. Loria l. c

Unendliche occupiert werden kann, genügt ein ganz geringer Ertrag auf die Maßeinheit des Feldes [1]). Ganz anders liegt die Sache bei dem Bauer, welcher, um die zu den nöthigen Einkäufen jährlich erforderliche Summe zu erhalten, sein Gut ebenfalls ins Ungemessene vergrößern müsste, aber selbst, wenn ihm das möglich wäre, dennoch nicht das Capital zur Anschaffung der neben ihm selbst noch nöthigen Arbeitskräfte hätte. Die Bauernhöfe, deren durchschnittliche Normalgröße eben auch ein Product organischer wirtschaftlicher Entwicklung ist, fundiert sich auf einen gewissen Getreide-Minimalpreis, unter welchem der abgebbare Überschuss jene Summe nicht erreichen kann, welche zur Bewirtschaftung erforderlich ist. Und selbst dabei ist wieder die Bauernschaft desjenigen Volkes, welches ganz unabhängig vom Auslande seine Production in einem sich selbst genügenden Verbande vor sich gehen lässt, im Vortheile, weil bei einem solchen Volke der Preis der gewerblichen Producte einzig nur von den Getreidepreisen des Inlandes abhängt, und folglich, wenn wirklich fühlbare Schwankungen im Getreidepreise vorkämen, diese dem Bauer schon deshalb nicht so schädlich würden, da ja auch die Producte, von deren Preise die Bauernwirtschaft selbst abhängt, diese Schwankungen mitmachen müssten. Ganz anders liegen die Verhältnisse in Rom. Hat schon früher das Ausland und seine Producte einen Druck auf das heimische Gewerbe geübt, so wird jetzt alles ergriffen und abhängig von dem billigen ausländischen Getreide. Und dazu kommt noch, dass das Minimum seines Preises überhaupt kaum abzusehen ist. Falls nur Land genug zu occupieren ist, liegt dem Plantagenbesitzer angesichts der abnorm niedrigen Productionskosten wenig daran, ob er seine jährliche Rente aus einem kleineren oder größeren Besitze zieht. Daher auch die Tendenz aller Plantagenwirtschaften, sich unausgesetzt zu vergrößern [2]). Dadurch aber geht ein derartiges Wirtschaftsgebilde unausgesetzt der Überproduction und damit völliger Unrentabilität entgegen: Also erst die durch unausbleibliche Überproduction hervorgerufene fast gänzliche Entwertung der Bodenfrucht ist der Schlussstein des Latifundiengebäudes. Allerdings tritt dieser Fall — ebenfalls wieder wegen der niedersten Productionskosten — erst viel später ein als heute bei freier Arbeit auf diesem oder irgendeinem anderen Gebiete der Production.

Wie sich die Capitalisten über diese Schlappe hinwegsetzen, wird sich unten zeigen.

[1]) Vergl. Loria l. c.
[2]) S. dar. Loria l. c.; was auch in Amerika zu beobachten war.

IX. Die Folgen der Capitalwirtschaft für die capitallosen Classen.

So strömt denn eine neu eröffnete Quelle ausländischer Kornproduction nach Rom, das bisher seinen Bedarf mit Leichtigkeit selbst gedeckt hatte. Die Verpflegung der Heere mit überseeischem Getreide nimmt den römischen Bauern schon ein bedeutendes Absatzgebiet. Die gleiche Wirkung übt der billige Verkauf des als Steuer nach Rom gelangten sicilischen Kornes und die Latifundien, denen der Seetransport billiger kommt als eine Landfracht aus den von der Stadt nur einigermaßen entfernteren Gegenden, machen die römische Bauernschaft vollends concurrenzunfähig und nimmt ihr überhaupt jede Möglichkeit der Verwertung italischer Bodenproducte.

Noch eine kurze Spanne Zeit nach dem Jahre 200 v. Chr., und zwar einzig nur durch die reichlichen Gründungen von Bauernhufen[1]) nach Beendigung des Krieges mit Hannibal ist die Volkszahl im Wachsthum begriffen. Aber schon 164 v. Chr. erreicht sie ihren Höhepunkt mit **337.000** erwachsenen männlichen Bürgern[2]). Rapid und unaufhaltsam schreitet von da ab der Verfall: Im Jahre 141 zählt man nur mehr 327.000 Bürger, also eine Abnahme von gerade 10.000 Waffenfähigen in ungefähr 25 Jahren, demnach ein Gesammtrückgang der Bevölkerung um mindestens den 4-fachen Betrag; und der Census des Jahres 135 erweist mit 317.900 Bürgern gegen das Jahr 141 abermals ein Minus von fast 10.000 Bürgern binnen 5 Jahren! Und das alles in einer Zeit tiefsten inneren und äußeren Friedens[3])!

Was aber geschah mit all jenen Existenzen, welche ihren bäuerlichen Besitz nicht halten konnten? Auf dem Lande selbst finden sie kein Fortkommen; ihre Berufsgenossen, welche den ungleichen Kampf mit Capital und Staat verzweifelt eine kurze Spanne Zeit noch weiterführen, können höchstens einen einzelnen Sclaven ernähren, nicht aber einen freien Arbeiter, der noch meist eine Familie zu erhalten hat. Und die großen Besitzer geben aus demselben Grunde dem Sclaven unbedingten

---

[1]) S. Mommsen, Röm. Gesch., I., p. 875.

[2]) S. dar. Ed. Meyer im Handwörterb. d. Staatswissensch., II. Suppl.-Bd., p. 442 und II. Bd., p. 451.

[3]) S. dar. Ed. Meyer, Untersuchungen zur Zeit der Gracchen, p. 90/1, und im Handwörterb. d. Staatswissensch., II., p. 452.

Vorzug vor dem freien Taglöhner[1]). Unter solchen Umständen bleibt dem Enterbten nur ein Mittel: Das Übersiedeln in die großen Städte, deren vielgegliedertes Verkehrsleben zu allen Zeiten den großen Anziehungs- und Sammelpunkt des Proletariates bildete[2]). Dort bietet sich ja leichter — wenigstens nach der Meinung dessen, der das bunte Getriebe nur von außen kennt — in irgendeinem Erwerbszweige die Möglichkeit, kargen Unterhalt zu verdienen. Branchen doch die ehr- und goldgierigen Reichen allezeit bestochene Wähler, die ihnen hohe Ämter verschaffen, und die hohen Ämter verschaffen den Reichen wieder neuen Reichthum. Prächtige Spiele werden dem Volke auf Kosten des Staates und der Magistrate[3]) geboten, und eine ständige Erwerbsquelle ist die entartete Clientel[4], welche nur mehr in einer Art Gefolgschaft besteht, mit welcher sich der Reiche umgibt, um bei seinem öffentlichen und privaten Auftreten Ansehen und Staunen zu erregen. Gleichwie einen Feldherrn sein Stab, einen Monarchen sein Gefolge, so begleiten die Clienten ihren Herrn, welchen sie schmeichelhaft nicht mehr mit dem alten Worte: Patronus (Beschützer), sondern mit: Dominus, oder: Rex (Herr und König) anreden. Das Capital ist eben monarchisch auch in einem republikanischen Staate. Des Morgens machen die Clienten ihre unterthänige Aufwartung im Hause, und dann begibt sich der ganze Schwarm auf das Forum oder den campus Martius[5]). Der Lohn dieser Dienste besteht in der Verabreichung von Geld und Speise. So beginnt denn mancher von seiner Scholle vertriebener Bauer ein neues Leben in Rom, weniger ehrenhaft für ihn selbst, nutzlos für Staat und Volkswirtschaft, aber angenehm insoferne, als er nicht zu arbeiten braucht. Aber auch nicht allen blüht ein verhältnismäßig so günstiges Geschick. Immer massenhafter wird der Zug nach der Hauptstadt, immer mehr ohne ihre Schuld vernichtete Existenzen füllen auch die letzten Winkel der römischen Zinskasernen, in denen eine große Anzahl von „Wohnungen" nur den Charakter primitivster Schlafstätten tragen. Binnen kurzem sind diese Leute ein elendes, arbeit- und lichtscheues Gesindel geworden,

---

[1]) Vergl. Drumann, Die Arbeiter und Communisten in Griechenland und Rom, p. 170 ff.

[2]) Vergl. Poehlmann, Die Übervölkerung der antiken Großstädte, p. 9 ff.

[3]) Namentlich der Ädilen.

[4]) S. Marquardt, Privatleben, II., p. 401 ff.

[5]) Näheres Friedländer, Sittengeschichte, I., p. 207 ff.

das um Geld oder Versprechungen zu allem zu haben ist[1]). Weil sie aber als „Plebs Romana" abstimmungsberechtigt sind und ihre Beschlüsse Gesetzeskraft haben, so spielen sie auch noch gelegentlich die großen Herren von Rom, und gar nicht lange dauert es, da tönt laut und kategorisch ihr Ruf: Brot und lustige Circusspiele! Diese aber sind bezeichnend für die wirtschaftlich und folglich auch sittlich tief gesunkenen Pöbelmassen: Ihre Gelüste sind nicht etwa scenische Spiele, in denen die ganze Poesie eines tüchtigen, durch ehrliche Arbeit groß gewordenen Volkes sich spiegelt: Was die Römer begehren, sind blutige Gladiatorenkämpfe, Thierhetzen und Seeschlachten, zur Abwechslung höchstens einmal Satiren mit Witzen allergemeinster Art und Pantomimen von Tänzerinnen im bloßen Hemde[2]). Und auf diesen Theil des Römervolkes haben die Gracchen (um 130 v. Chr.) ihre wirtschaftlich-sittlichen Reformen zu bauen versucht! Kein Wunder, dass sie das Volk in dem Augenblicke im Stiche ließ, da sie nichts für sich selber, für die Plebs aber und von ihr wieder ehrliche Arbeit verlangten! Den echten Demagogen der späteren Zeit jedoch ist es gelungen, das lecke Staatsschiff zu steuern, wie es ihnen gefiel, weil sie vom Volke nichts weiter begehrten, als dass es gegen Bezahlung abstimme, sie aber, Königen gleich, herrschen lasse.

Und so datiert denn seit den Gracchen her das Zeitalter der Revolutionen und Bürgerkriege, eine Folge der Erwerbslosigkeit und des allseitigen wirtschaftlichen Niederganges, denn niemand ist eher bereit, das Recht mit der Gewalt zu vertauschen, als derjenige, dem das Recht keinen Besitz schützt, der also mit dem Rechte nichts verliert, mit der Gewalt aber alles gewinnen kann. Marius, Pompeius und Caesar sind zum guten Theile durch die Pöbelmasse zu dem geworden, was sie erstrebten, und an jeden dieser Namen knüpfen sich Unruhen, Revolutionen und als Schlussstein der entsetzliche Bürgerkrieg: um gar nicht zu sprechen von den kleineren Tyrannen Roms, wie Glaucia und Saturninus, Milo und Clodius u. a.

Immer jedoch ist es derselbe furchtbare Hebel, mit welchem Ehrgeiz und Revolution die begehrlichen Massen bewegen: Billiges Brot und lustige Circusspiele![3])

---

[1]) Catilina bildet aus ihnen seine Bande. Sallust, Catilina 37.
[2]) S. Mommsen, Röm. Gesch., I., p. 873, II., p. 400, III., p. 593.
[3]) Die Verschwendung bei diesen artet so aus (Liv. 7. 2, 13.), dass sich gelegentlich im 1. Jahrh. v. Chr. niemand mehr

So beginnt denn schon wenige Decennien, nachdem Roms Bürgerzahl ihren Höhepunkt erreicht hat, mit dem Auftreten des **Gaius Gracchus** (123 v. Chr.) die Ära der **ungezählten leges frumentariae**, welche dem Volke das nöthige Getreide in immer größeren Quantitäten, immer billiger und von Clodius (58 v. Chr.) angefangen fast durchaus ganz umsonst gewähren[1]).

Diese Epoche bildet den 2. Abschnitt in der Geschichte des großen Niederganges von Rom. Um 200 v. Chr. verschleuderten die Ädilen den Modius spanischen und afrikanischen Weizen zu 4, ja sogar 2 Assen (= 30 und 15 ₰)[2]). Der im cisalpinischen Gallien erzeugte Weizen steht um das Jahr 130 v. Chr. mangels jeden Absatzes infolge der überseeischen Concurrenz auf 8 ₰. pro Modius. Saturninus lässt im Jahre 100 v. Chr. den Modius um 6 ₰. vertheilen[3]) und circa 50 Jahre später beginnen die völlig kostenlosen Kornvertheilungen, von denen sich Rom niemals mehr ganz befreien konnte.

Die wirtschaftlichen Folgen sind klar: Weil das Getreide so billig wird, geht die Bauernschaft massenweise zugrunde. Und weil diese massenweise zugrunde geht und als hungerndes römisches Proletariat immer von neuem nach billigem Brot schreit, so gibt der Staat das Getreide noch billiger, indem man nicht nur die in natura gelieferten Provinzial-Zehenten vertheilt, sondern schließlich auch noch durch ansehnliche Ankäufe in den Provinzen nachhilft[4]). Diese Methode, Volkswirtschaftspolitik zu treiben, sieht allerdings genau so aus, wie wenn man einem vor Trunkenheit Ohnmächtigen „zur Belebung seiner Sinne" noch Brantwein einflößen wollte!

Hand in Hand mit dem Aussterben der Bauernschaft und der Entwertung ihrer kleinen Besitzthümer geht natürlich die **Latifundienbildung des Capitals durch ganz**

findet, der sich für die Ädilität reich genug hält. Dio Cass. 53, 2. Über die Spiele des Caesar, Crassus u. a. s. Marquardt und Mommsen, Staatsverwaltung, V.,2, p. 85 ff. und die dort citierten Quellen.

[1]) Marquardt und Mommsen, Staatsverwaltung, V.,2, p. 114 ff.

[2]) S. Marquardt, Privath., II., p. 398 ff., ferner Staatsverw., II., p. 111 und Zippel in Histor. Zeitschr. 1884, p. 490. Gegen einen derartigen Schleuderpreis im Jahre 196 v. Chr. eifert der alte Cato als Landwirt mit Recht. Mommsen, Röm. Gesch., I., p. 837.

[3]) Marquardt und Mommsen l. c. II., p. 114 ff.

[4]) Marquardt und Mommsen l. c. II., p. 133; Hirschfeld im Philologus, Bd. 29, p. 82.

Italien[1]). In Etrurien gibt es schon im Jahre 134 v. Chr. (!) keinen freien Bauer mehr[2]). Die Illustration zu dieser Zeit bietet die Rede des Tib. Gracchus an das Volk[3]): „Das Wild hat seine Höhlen und sein Lager, ein jedes kennt seinen Zufluchtsort. Aber denjenigen, welche die Herren der Welt heißen, ist nichts geblieben als Licht und Sonnenschein. Keine Scholle nennen sie mehr ihr Eigen, auf welche sie das kampfesmüde Haupt betten dürfen! Nicht für die Heimat und den eigenen Herd, nur für Schwelgerei und Reichthum anderer müssen sie kämpfen und sterben.“

Und fürwahr, traurig ist, dass der Tribun sagen konnte: Die römischen Bürger besitzen keine Heimat und keine Scholle eigener Erde mehr. Und vielleicht noch trauriger ist, dass er hätte hinzusetzen dürfen: Aber auch, wenn ihnen jemand zurückgäbe, was ihre Väter besaßen, auch dann noch müsste ihr Untergang binnen kurzem wieder besiegelt sein.

Dem Capital ist dies allerdings eher erwünscht als unangenehm; je mehr Bauern zugrunde gehen, desto größer werden die Latifundien in Italien, desto billiger sind sie zu bekommen. Ja man geht so weit, dass man nicht einmal die Gerichte in Anspruch nimmt, um die verschuldeten Bauerngüter zu annectieren. Wenn der Besitzer im Felde abwesend ist, treibt man die schutzlose Familie einfach mit Gewalt aus[4]) und der Zurückkehrende sucht oft vergebens die in Noth und Entbehrung verkommenen Angehörigen. Wie allgemein aber dieser Brauch der Reichen im Laufe der Zeit geworden ist, sieht man am besten daraus, dass man aus einer scheinbar selbstverständlichen Anständigkeit schon eine Tugend macht und es dem Pompeius schon zum großen Ruhme anrechnet, niemals Bauern ausgetrieben zu haben[5]).

Diese großartige Umwandlung eines ursprünglich wirtschaftlich selbständigen und tüchtigen Volkes in ein von fremder Arbeit ernährtes Parasitenthum erhält schließlich auch seinen

---

[1]) S. Ed. Meyer, Untersuchungen zur Gesch. der Gracchen (1894) p. 91 ff.; Mommsen, Röm. Gesch., I., p. 855; vergl. Marquardt und Mommsen V. 2, p. 250/1.

[2]) Plut. T. Gracchus 8. Mommsen l. c. II., p. 81.

[3]) Plutarch. Tib. Gracchus c. 9.

[4]) S. Ed. Meyer im Handwörterb. d. Staatswissensch., II. Suppl.-Bd., p. 443.

[5]) Plin. H. N. 7, 7.

drastischen Ausdruck in der religiösen Vorstellung derjenigen Gottheit, welche die Ernährung des Volkes versinnbildet: Solange die Römer von eigenen Äckern leben, wird Ceres, die Beschützerin der Halmfrucht, die segnende Spenderin aller Fruchtbarkeit der Ackerscholle, verehrt. Und da die Römer aufgehört haben, selber der heimatlichen Erde das Saatkorn anzuvertrauen, auf dem die Hoffnung der nächstjährigen Ernährung ruht, da erscheint, zuerst in Verbindung mit Ceres, gleichsam als Symbol der Ergänzung heimischer Production durch die ausländische, die Göttin Annona, ein Füllhorn im Arme, an ein Schiff gelehnt. Bald aber wird Ceres ganz beiseite gelassen und Annona erscheint seit Kaiser Hadrian allein, zwischen einem Scheffelmaße und einem Schiffsbuge stehend, in der einen Hand die Ährengarbe, in der andern Füllhorn oder Steuerruder[1]).

Einen bedeutenden Einfluss aber musste dieser Rückgang und die Verarmung der Bürgerschaft auch auf den Kriegsdienst nehmen. Und dieser Einfluss ist — abgesehen von der Revolution — vielleicht die erste und unmittelbarste politische Folge der wirtschaftlichen Unnatur aller Verhältnisse: Ist die timokratisch abgestufte Wehrmacht der alten Republik ein Aufgebot von Bürgern, deren Einigungspunkt das Bestreben bildet, Staat und Recht und damit sich selber zu erhalten, so ist ihr Feldherr ein aus ihrer Mitte gewählter Befehlshaber, weil ein Heer ohne Führer eben ein Unding wäre. An der Neige des 2. Jahrh. vor Chr. aber wird das Heer zu einem Aufgebot von Söldnern, der Feldherr zum Werber derselben und der meistbietende, wohl auch populäre Führer ist der einzige Einigungspunkt jener Banden, die um den Sieg nur fechten, weil er ihnen Beute und Realisierung der gemachten Versprechungen verheißt.

Wie konnte es auch anders kommen? Schon im Jahre 146 v. Chr. muss sich der Senat entschließen, Karthago und Korinth zu zerstören, weil es schon fast unmöglich erscheint, die gleichzeitig nöthigen Heere unter den nach ihrem Vermögen gesetzlich noch zur Aushebung qualificierten Bürgern[2]) aufzubringen. Und bald nachher muss bereits

---

[1]) S. W. H. Roscher, Lexikon der griech. u. röm. Mythol., I. Bd., p. 360 ff.

[2]) Der niedrigste Census, der zum Dienste verpflichtet, ist ein Vermögen von 11,000 Assen (900 Mark), s. Mommsen l. c. II., p. 191.

der Minimalcensus von 900 auf 350 Mk. herabgesetzt und die Dienstdauer verlängert werden, damit man überhaupt noch aus röm. Bürgern ein Heer zu bilden imstande sei. Seit dem Jahre 107 v. Chr. gibt es mit der Heeresreform des Marius überhaupt kein Vermögensminimum[1] mehr als Grundlage der Soldatenaushebung, das Proletariat ist die Rettung der röm. Weltmacht, aber auch zugleich der Stegreif, mittels welchem der Feldherr auf den Kaiserthron, die Soldaten zu Macht und Altersversorgung gelangen. Und in der That war auch schon jeder Feldherr, der über ein derartiges Heer gebot, unumschränkter Herrscher im Staate: Marius, der 7 mal zum Consul gewählte, Sulla, sein Gegner und Nachfolger, und Pompeius, der seinen früheren Freund nur bekämpft, weil er selber herrschen will, sie alle waren nicht Vorläufer Caesars, sie waren vielmehr selbst Caesaren, denen nur der richtige Name fehlte[2].

X. Die gracchischen Reformversuche.

Trostlos war die Lage des Weltreiches seit der Mitte des 2. Jahrhunderts geworden; die Erbschaft Karthagos auf Sicilien trug ihre Früchte: Die besten Staatsmänner, wie Scipio Africanus minor, sehen verzweifelt den Abgrund vor ihren Füßen, welchen zu überbrücken keine Möglichkeit mehr schien[3]. Nicht einmal durch Coloniengründung und Assignationen sucht man mehr ein Gegengewicht gegen die Entvölkerung zu bieten[4], und gleich einem steuerlosen Schiffe treibt Rom immer tiefer hinein in den Strudel des Verderbens. Scipio weiß nur zu gut, dass man für die Eroberungen gewaltige Heere braucht, um sie zu machen und zu halten, aber er sicht auch, dass diese Heere bald nicht mehr aufzutreiben sind. Er betet darum als Censor, nicht

---

[1] S. Mommsen, Röm. Gesch., II., p. 191 und Marquardt, Staatsverwaltung, II., p. 430 ff. Über Aushebungen nur mehr aus den capite censis: Sallust Jugurtha 86, 2, Plut. Mar. 41, Sulla 9.

[2] Wie anders als im Gefühle seiner Allgewalt hätte es z. B. Marius sonst wagen können, auf dem Schlachtfelde zwei Cohorten, italienische Bundesgenossen, wegen ihrer Tapferkeit in Masse mit dem römischen Bürgerrechte zu beschenken, ein bedenklicher Verfassungsbruch für einen Feldherrn der Republik (s. Mommsen l. c. II., p. 195).

[3] Ed. Meyer, Untersuchungen z. Gesch. d. Gracchen, p. 91.

[4] Ders. im Handwörtb. d. Staatsw., II. Suppl.-Bd., p. 433 ff.

wie alle seine Vorgänger, dass die Götter den Staat vergrößern, sondern nur, dass sie ihn erhalten mögen.
Gleichwohl ist er der Henker von Karthago und Numantia
geworden[1]). Es lag klar am Tage, dass derjenige, welcher
gründlich reformieren wollte, Staat und Bürgerschaft vom
Grund aus umgestalten und vor allem tief in die vom Capitale
festgehaltenen Gebiete eingreifen musste; m. a. W.: Dass jede
Reform die Revolution entfesseln musste, oder besser gesagt,
schon Revolution selbst war[2]).

Aber nur ein einziger Mann im Römerstaate hatte Kraft
und Muth, um hier zu helfen oder doch Hilfe zu versuchen:
Tiberius Gracchus, der Enkel desjenigen Mannes,
der Hannibals Kraft gebrochen und damit die Römer
an die Schwelle des Abgrundes gestellt hatte. Aber des
Tiberius Wirken ist viel zu kurz gewesen, um daraus zu
ersehen, ob er wirklich des Staates innerste Krankheit erkannt
und das richtige Heilmittel gefunden habe, denn, wie erwähnt,
genügte es eben nicht, den Enterbten wieder zu geben, was
ihre Väter besaßen und damit für den Augenblick
allerdings die Latifundien des Capitals stark zu ver-
mindern, was Gracchus durch sein Ackergesetz in erster Linie
bezweckte und theilweise auch erreichte. Es wäre vielmehr
nöthig gewesen, dem Capitale die Rentabilität des
Getreideabsatzes der Latifundien zu nehmen, die
der ausländischen durch einen genügenden Schutz-
zoll, die der inländischen durch Verwandlung derselben in Bauernhufen; vor allem aber die wahn-
witzige Concurrenz des Staates selbst zu beseitigen,
welcher das als Steuer einfließende Getreide ver-
schleuderte, damit die Bauern ruinierte und ein
nach Tausenden zählendes, stets wachsendes Proletariat züchtete.

Von diesen drei nothwendigen Neuerungen hat Tiberius
Gracchus nur die zweite angebahnt[3]), indem er im wesent-
lichen das licinisch-sextische Ackergesetz erneuerte,
nur mit dem für jene Zeit bezeichnenden Zusatze, dass
bereits eine Prämie auf Ehe und Kinder gesetzt
wird. Demnach soll das occupierte Staatsdominialland insoweit
herausgegeben werden, dass niemand mehr als 500 Morgen

---

[1]) Ders. Unters. z. Gesch. d. Gr., p. 94; Val. Max. IV., 1, 10.
[2]) Vergl. Mommsen, Röm. Gesch., II., p. 83.
[3]) Vergl. über die folgende Darstellung Mommsen, Röm. Gesch., II.,
p. 68 ff., insbesondere p. 86; ferner Ed. Meyer, Untersuchungen z. Gesch.
d. Gracchen.

davon fernerhin besitze, wenn er aber Söhne hat, für jeden derselben 250, im ganzen aber auf keinen Fall mehr als 1000 Morgen zurückbehalten dürfe. Das eingezogene Domänenland aber soll in Bauernhufen von 30 Morgen getheilt und gegen sehr mäßige Abgabe als unveräußerliche Erbpacht assigniert werden. Dieses vor das Volk gebrachte Gesetz gieng durch, aber nicht ohne revolutionären Verfassungsbruch. Es mag dahingestellt bleiben, ob der College des Tiberius, der Volkstribun Marcus Octavius, vom Capitale gekauft oder aus eigenem Antriebe sein Veto gegen die Abstimmung über das Ackergesetz einlegte, wodurch dieses verfassungsgemäß beseitigt sein musste. Aber Tiberius lässt durch Volksbeschluss den unbequemen Tribunen absetzen und dann ohne Hindernis abstimmen, eine bisher unerhörte That, mit welcher sich der Reformator selbst gefährdete; Wenn ihm, dem Volkstribunen, selber das alte tribunicische Recht nicht mehr heilig ist, was soll dann die eigene Person schützen gegen die erbitterten Gegner? Die einzige Rettung liegt abermals in der betretenen revolutionären Bahn: Er muss gegen das Gesetz sein einjähriges Amt verlängern und für das nächste Jahr sich wieder wählen lassen. Da aber das Volk zur Wahl zusammentritt, wird er von den erbitterten Senatoren in einem Handgemenge nebst 300 Anhängern erschlagen.

Was also das Endziel von des älteren Gracchus' Plänen gewesen, können wir aus diesem seinem kurzen Wirken nicht ermessen. Auch was er sonst an Reformen projectiert hatte, sind nur Feldzüge gegen das Symptom, nicht gegen die sociale Krankheit selbst; so die Abkürzung der militärischen Dienstpflicht und die Verleihung des römischen Bürgerrechtes an die italischen Bundesgenossen. Factisch durchgeführt wurde — zum größten Theile wenigstens — doch nur die Domänenauftheilung.

Bedächtiger und langsamer als sein Bruder geht Gaius Gracchus zuwerke, aber auch er scheitert an der Unzulänglichkeit des Mittels, mit dem er arbeitet. Da der Senat, der eigentliche Schwerpunkt der Staatsregierung, im Geiste der römischen Verfassung das Organ ist, welches Gesetze erlässt, und umsomehr zu dieser Function gelangt ist, als die Volksversammlung mit der Vergrößerung des Staatsgebildes im Laufe der Zeit in der That nicht mehr die Versammlung der Bürgerschaft, sondern nur die des schreienden Stadtpöbels repräsentiert, während die eigentliche Hauptzahl Bürger als Bauern in ganz Italien vertheilt lebt und folglich ein wirklicher

Beschluss der Bürgerschaft gar nicht mehr provociert werden
kann, so hätten alle diese Gesetze und Fragen über sociale
Reformen in den Senat gehört. Dieser allerdings war, da sein
Capital dabei auf dem Spiele stand, am wenigsten zu Reformen
im Sinne der Gracchen geneigt. Darum muss es auch Gaius
wieder versuchen, mit dem städtischen Pöbel zu pactieren,
was, abgesehen von der Lächerlichkeit, ein derartig entstan-
denes — wenn auch formell unantastbares — Gesetz als
Beschluss der Bürgerschaft auszugeben, auch seine schweren
Bedenken dadurch erhält, dass die Interessen des Stadtpöbels
nicht die der Bauernschaft, ja wohl eher denselben entgegengesetzt sind. Und an dieser factischen Unmöglichkeit, vom
städtischen Proletariate zu erhalten, was den Bauern nützen
soll, ist nicht nur Gracchus selbst zugrunde gegangen, sondern
auch der Staat noch tiefer ins Verderben gerissen worden.
Allerdings ist Gaius vorsichtiger gewesen als Tiberius und hat
es wenigstens versucht, sich auch noch auf andere Kreise zu
fundieren, als nur eben auf den unbeständigen Pöbel, welcher
zwar aus der arbeitgewohnten Bauernschaft hervorgegangen,
aber im entnervenden Nichtsthun städtischen Bettlerlebens die
Sehnsucht nach seiner früheren, ehrlichen Arbeit gar bald verloren hatte.

So greift denn Gracchus auf einen zweiten Stand von
Missvergnügten, auf die echten und rechten Vertreter des
mobilen Capitals, deren politische Stellung jedoch lange
noch nicht ihrer Geldmacht adäquat war, die Ritter. Sie
sind es, welche vom Staate Steuern und Gefälle
pachten, in den eroberten Ländern Geld- und Wucher-
geschäfte aller Art betreiben und bei ihren mannigfachen
Bedrückungen der Provinzialen nur das aristokratische Senatsmitglied zu fürchten haben, welches
nach seinem consularischen Amtsjahre als Statthalter einer
Provinz daselbst die höchste richterliche und militärische Gewalt bekleidet. Allerdings kann ein Statthalter wegen verschiedener Delicte in seiner Amtsführung
nach Ablauf derselben vor einem, ebenfalls aus Senatsmit-
gliedern zusammengesetzten Gerichte zur Verantwortung
gezogen werden. Und eben diese Gerichte will nun
Gaius Gracchus den Rittern übertragen, einerseits
um das mobile Capital gegen das großgrundbesitzende zum
Kampfe zu führen, in welchem sich beide, wenn schon nicht
vernichten, so doch schwächen sollen, andererseits um nebst
dem Pöbel auch noch eine einflussreiche Classe als Stützpunkt
zu haben. Für die Capitalisten konnte eine derartige Neuerung

nicht mit Gold aufzuwiegen sein. Standen doch jetzt die
gefürchteten Feinde ganz unter ihrer Botmäßigkeit! Feinde
aber waren Ritter und Statthalter immer gewesen. War der
letztere, was allerdings selten vorkam, ein ehrlicher, gerechter
Mann, wie der alte Cato, dann trieb er die Wucher-
gesellschaft zum Thore hinaus und ließ seine Unterthanen nicht von ihnen knechten [1]). War er aber, wie es die
Regel bildete, selbst ein Wucherer und Erpresser, wie der von
Cicero angeklagte Verres, dann erschienen wieder die
Capitalisten als unangenehme Concurrenten, mit denen man,
um sich ihres Stillschweigens zu versichern, die erpressten
Gewinne theilen musste.

Vor allem aber bedurfte Gracchus, um seine Pläne
durchzuführen, der unbedingten Anhänglichkeit des römischen
Stadtproletariates, welches durch sein stereotypes „Ja" die
vorgeschlagenen Gesetze sanctioniren musste.

Dieses aber wird durch das Getreidegesetz gewonnen:
Jeder in Rom lebende Bürger, welcher sich meldet,
erhält monatlich ⁵/₆ preuß. Scheffel (= ca. 44 Liter)
um 1 Mark 25 Pfennig, also noch nicht der Hälfte eines
niedrigen Durchschnittspreises für die damalige Zeit. War
schon früher oftmals das Steuergetreide zu Schleuderpreisen
abgegeben worden, so werden von jetzt an diese Lieferungen
des Staates stabil; die Menge erhält ein gesetzliches
Privilegium, auf Kosten der Provinzen erhalten
zu werden, die Stadt wird ein neuer Anziehungspunkt für
Arbeitslose und Arbeitsscheue, und nur ganz vorübergehend
hat die spätere Zeit es hin und wieder gewagt, diese Korn-
spenden zu schmälern oder gar aufzuheben.

Es liegt etwas wie eine tiefe, tragische Ironie in diesem
gezwungenen Schritte des hochherzigen Tribunen, welcher den
Staat und seine natürliche Grundlage, die Bauernschaft, retten
will und dabei etwas thun muss, das diese nur noch schneller
zur Vernichtung führt [2]), wenn es nicht gelingt, durch andere
Maßnahmen diese Verfügung überflüssig zu machen.

Allerdings scheint dies Gaius Gracchus gewollt zu haben,
ja vielleicht wäre sein schweres Werk sogar gelungen, hätten
nicht diejenigen, auf deren Gunst er fußte, von ihm gelassen,
da sie erhalten hatten, was sie wollten, während ihnen doch
die übrigen Interessen Italiens völlig gleichgiltig blieben.

Darum ist der Enthusiasmus für Gracchus auch schon

---

[1]) S. Mommsen, Röm. Gesch., I., p. 851.
[2]) Vergl. Cicero pro Sestio 103; Poehlmann, Übervölkerung, p. 50.

sehr verringert, als er seinen großartigen Plan zu verwirklichen
beginnt, durch ausgebreitete überseeische Colonisation das
Proletariat langsam aufzusaugen und zu versorgen. Es mag
wohl dabei die Idee des Volkstribunen gewesen sein, dass sich
schließlich mit dem Pöbelhaufen auch seine Getreide-
sponden verlieren müssten. So soll vor allem aus seinen
Schuttmassen Karthago als römische Colonie
Junonia wieder auferstehen. Aber das Stadtvolk hat wenig
Neigung, seine angenehme und müßige Herrenstelle mit
ihren Privilegien in Rom gegen saure Arbeit in einem welt-
vergessenen Winkel zu vertauschen. Und noch viel
weniger convenierte es ihm, dass Gracchus, der Italiens
gesammte Bauern wieder zur Herrschaft zu bringen strebt, den
übrigen Italikern, welche unter dem Namen „Bundesgenossen" politisch rechtlose Unterthanen darstellen, das
römische Bürgerrecht verleihen will, wodurch er
einerseits für lange Zeit hinaus eine, seine Reformen besser
verstehende Bauernmajorität in den Comitien erhalten, andererseits aber einen sicheren Stützpunkt für die eigene Herrscher-
stellung gewonnen hätte. Und dieser Versuch hebt Gracchus
vollends aus dem Sattel. Auch die Ritter, welche erreicht
haben, was zu erreichen war, sehen misstrauisch auf die
weiteren Reformen. Der Senat thut natürlich das Seinige, um
dem populären Manne die Volksgunst zu entziehen. Es genügt,
dass der aristokratische Consul die verkommene
Menge fragt, ob sie denn wirklich thöricht genug
sei, zu glauben, dass sie bei der Volksversammlung,
bei den Spielen und im Theater noch ein Fleckchen
Platz finden würde, wenn sie der Concurrenz der
neuen Bürger ausgesetzt wäre! Dieser „Grund" leuchtet
ein; und der Antrag, gegen welchen überdies ein vom Senate
bestochener Tribun sein Veto einlegte, wäre wohl auch in der
Abstimmung gefallen, denn das Volk hatte schon jenes Veto
eher mit Freude als mit Widerwillen begrüßt. Auch die
Wiederwahl des Gaius Gracchus zum Volkstribunen für das Jahr 121 scheiterte. Das erste, was
nun, nach dem Sturze des Gefürchteten, unternommen wurde,
ist ein Angriff auf die Colonie Junonia; und mit mehr
Recht als damals bei der Gründung von Ostia¹) musste jetzt die
Aristokratie der niedergehenden Weltstadt eifersüchtig sein auf
jede Schar von tüchtigen Bürgern, die in günstiger Lage ein
neues und besseres Rom zu gründen imstande waren.

¹) Vergl. p. 26.

Da erscheint Gracchus mit seinem Anhange bewaffnet auf dem Marktplatze, um sein bestes und letztes Werk mit dem Muthe der Verzweiflung zu schützen. Ein furchtbares Gewühl entsteht in den erregten Massen, vergeblich fleht der noch vor kurzem abgöttisch verehrte Liebling des Volkes um Gehör. Senatoren und Ritter mit bewaffneten Sclaven und Clienten eilen heran, den Aufstand zu dämpfen. Und wie seinerzeit Tiberius Gracchus den Tod gefunden in einem blutigen Straßenkampfe, so endet auch der jüngste Enkel des großen Siegers von Zama und mit ihm die letzte Hoffnung des dahinsiechenden Weltreiches.

Jedenfalls aber ist seine Reform die erste und einzige gewesen, welche ernstlich Hilfe schaffen wollte, und es ist nicht die Schuld ihres Trägers, dass nur das Schlechte, aber für die damaligen Verhältnisse Passende blieb, das Gute aber gar nicht zur That wurde. Anspielend auf den von ihm entfesselten Kampf zwischen Grundbesitz- und Geld-Aristokratie hat Gracchus selber seine Gesetze Messer und Dolche genannt, mit denen sich die Bürgerschaft zerfleischen möge! Aber dieses Wort hat neben dem engeren Sinne, in dem es gemeint war, noch einen weiteren, in dem es zutraf. Denn nicht nur die Aristokraten, sondern auch die letzten Reste der italischen Bauernschaft, ja selbst die Provinzen und schließlich der kühne Neuerer selber, sie alle sind durch seine Gesetze zerfleischt worden. Nur das Capital hat seine gewonnene Stellung behalten und von nun an treten die Ritter dem alten Adel fast ebenbürtig zur Seite, bis sie denselben in der Kaiserzeit, wo ihnen die einflussreichsten Ämter zufallen, überflügeln. Das Hauptziel der beiden Brüder jedoch, die italische Bauernschaft wieder herzustellen, ist vollends gescheitert. Es genügt eben nicht, Bauernhufen zu gründen, wenn der Bauernstand als solcher nicht mehr lebensfähig ist, und die 80.000 Ackerbürger, welche der Staat durch die Domänenauftheilung gewonnen hatte, schwanden hin wie Wassertropfen auf glühendem Sande. Das Jahr 125 v. Chr., wo die Landauftheilung noch im Gange war, und das Jahr 115 erweisen ganz die gleiche Bürgerzahl. Rapid aber verkleinert sich dieselbe wieder, als die neuassignierten Bauernstellen ihrer Eigenschaft als Erbzinsgüter entkleidet und in freies, veräußerliches Eigenthum verwandelt werden durch ein Gesetz jener Aristokratie, welche nicht schnell genug wieder in ihren, durch die Domänenauftheilung theilweise geschmälerten Großbesitz gelangen konnte.

XI. Folgen der Capitalherrschaft für das Capital selbst.

Allerdings war auch in der Bewirtschaftungsform der Latifundien eine gewaltige und tiefeinschneidende Änderung vor sich gegangen, welche große Gütercomplexe noch nothwendiger brauchte, als der Ackerbau: Es ist dies der Übergang von der Getreideproduction zur Weidewirtschaft.

Es wurde bereits dargelegt, dass die Sclavenwirtschaft — ähnlich der mit freier Arbeit, aber mit Minimallohn producierenden — den naturgemäßen Hang zeigt, einerseits minderwertige Erzeugnisse zu liefern, andererseits durch die Masse des Productes den Gewinn wieder zu steigern, d. h. auf die Bodenwirtschaft übertragen: Der Plantagenbau ist eine unrationelle, extensive Wirtschaftsform, welche sich nur in den fruchtbarsten Landstrichen rentiert [1]) und, was ihr durch den Mangel an guter Bearbeitung (intensiven Betriebes) verloren wird, durch Heranziehung neuer Äcker zu ersetzen sucht; und damit ist ihre unausbleibliche Folge, die Überproduction, gegeben.

Schon diese allein musste einen jähen Wechsel in der Bewirtschaftungsart der großen Güter erzeugt haben; sie wird aber noch unterstützt durch den Staat. Und ebenso wie die Latifundienbesitzer mit billigem Getreide den Bauer von seinem besten Absatzgebiete, dem hauptstädtischen Markte, verdrängt hatten, so verdrängt nunmehr der Staat wieder die Latifundienbesitzer, indem er immer mehr Steuergetreide aus den Provinzen zum Verkaufe bringt, eine Entwickelung, deren Nothwendigkeit sofort einleuchtet, wenn man bedenkt, dass Italiens heimische Getreideproduction, welche bisher vollauf genügt hatte, nun plötzlich durch die eroberten Provinzen Sicilien, Sardinien und Spanien unterstützt wird, während die Bevölkerung Italiens noch dazu zurückgeht [2]).

In Catos Zeit (am Anfange des 2. Jahrhunderts v. Chr.) trägt Sicilien schon den stolzen Namen einer Kornkammer Roms. Und je mehr die ausländischen Getreideflotten Italiens

---

[1]) Darum die ebenfalls jeder Sclavenwirtschaft typisch anhaftende Nebenerscheinung der Existenz unbebauten Landes.

[2]) Über Getreidelieferungen aus den Provinzen, siehe Marquardt, Staatsverwaltung, II., p. 112 ff., vergl. ferner: Cicero acc. in Verr. 2, 2, 5 und 3, 70, 163; Liv. 23, 41; Plin. N. H. XVIII., 29, Cic. de rep. 3, 9.

heimische Production auf Groß- und Kleinbetrieben vernichten, umso ängstlicher muss man darauf bedacht sein, das Getreide der Provinzen für Rom zu monopolisieren[1]: Die Ausfuhr einer bestimmten Quantität Kornes aus Sicilien wird den Rhodiern einmal als besondere Begünstigung gestattet, ein deutliches Zeichen, dass nicht nur das Steuergetreide, sondern auch das der Plantagen und, was der einheimische Consum entbehren konnte, für Rom reserviert bleiben sollte. Mit der Vermehrung der Provinzen und der damit verbundenen größeren Steuereingänge wird natürlich das Feld jener der Privatinitiative überlassenen Bedarfsdeckung immer geringer und schließlich wendet sich das Capital vom Getreidebau ganz ab.

Schon Cato erwiderte auf die Frage, was das beste Erwerbsmittel sei: „Gute Viehzucht!" Und das zweitbeste? „Ziemlich gute Viehzucht!" Das dritte? „Schlechte Viehzucht!" Das vierte? „Der Ackerbau!"[2] Und die beiden Güter, welche Cato beschreibt, werden von ihm selbst Öl- und Weinpflanzung genannt, obwohl auch Getreide darauf gebaut wird. Aber dieses dient nicht dazu, um durch seinen Verkauf einen Ertrag zu erzielen, sondern nur, um die auf dem Gute beschäftigten Sclaven zu ernähren[3].

Einer weiteren Illustration bedarf es nicht mehr. Das Capital hat zuerst die Latifundienbildung in Italien begonnen, den kleinen Ackerbauer vertrieben, ist dann auf Sicilien übergegangen, hat von dort Rom mit Getreide versorgt, und immer größere Complexe besten Grundes annectiert[4]. So kommt es, dass gegen Ende des 2. Jahrhunderts v. Chr.[5] die Leontinische Feldmark nur 84 Pächter zählt, fast durchaus römische Speculanten, von denen durchschnittlich jeder circa 100.000 Hektare urbares Land besitzt[6]. Alle diese Latifundienbesitzer in Italien wie in Sicilien hören nun mit ihrer Getreideproduction fast plötzlich auf, weil es einerseits an Absatz total mangelt, anderseits aber die Viehzucht, welche noch weniger Arbeitskräfte erfordert, folglich noch nidrigere Productionskosten gestattet als der Plantagenbau, umso lockender erscheinen muss. Übrigens passt auch diese Wirtschaft besser für die gänzlich unqualificierte Sclavenarbeit.

[1] Polyb. 28, 2; vergl. Mommsen, Röm. Gesch., I., p. 858.
[2] Cic. de off. 2, 25. Drumann, Arb. u. Communisten, p. 284 ff.
[3] S. Mommsen, Röm. Gesch., I., p. 858.
[4] S. Marquardt, Staatsverw., II., p. 250/1.
[5] Bald nach den Gracchen.
[6] S. Mommsen, Röm. Gesch., II., p. 76.

So verwandeln sich die noch vor kurzem fruchtbarsten Acker in öde Weideflächen[1]). Halbwilde Hirtensclaven, welche jahraus jahrein nicht unter Dach kommen, hüten daselbst ungezählte Viehherden. Der erwähnte G. Caecilius, welcher bei seinem Tode über 4000 Sclaven hinterließ, hatte auf einem derartigen Weidebesitze 3600 Joch Ochsen und 257.000 Stück sonstiges Vieh, wobei der größte Theil jener Sclaven in Beschäftigung stand[2]). Die Folgen mussten furchtbare sein. Der fast gänzliche Mangel an allen Elementen in einer Volkswirtschaft, welche sich mit Getreidebau beschäftigten, drängte den Staat immer gebieterischer auf die einmal betretene Bahn, mit dem Steuergetreide der Provinzen Rom zu erhalten und, wo dieses nicht langte, bei den Provinzialen nachzukaufen[3]). Große und häufige Preisschwankungen[4]) sind die Folge dieser unnatürlich entarteten Wirtschaftsorganisation. Im ersten Jahrhundert v. Chr. kostet in Sicilien innerhalb weniger Jahre der Modius ($= 8^{3}/_{4} l$) einmal 25 Pf. und dann gleich wieder 3 Mark 50 Pf.[5]). Sicilien ist also nicht mehr das große, unerschöpfliche Reservoir, welches ganz Rom zu versorgen vermag. Vom Capital überflutet und zur besser rentablen Weidewirtschaft verwendet, ist es nicht groß genug, um außerdem noch die immer steigende Menge Getreide zu liefern. So entfernt sich die „Kornkammer" immer mehr und mehr von Rom selbst: Zur Unterstützung Siciliens dient Sardinien und Spanien, später kommt das nördliche Afrika hinzu, schließlich Egypten und alle andern Provinzen, in denen die Römer einer verfügbaren Menge Getreides habhaft werden können, an die Reihe, um als Ernährungsquellen Italiens zu functionieren. Eine förmliche Jagd nach dem Brote des Auslandes kennzeichnet die ganze spätrömische Politik. Während Italien verödet und immer mehr unbebautes Ackerland verfügbar wäre, lässt der ewige Mangel an Brot die entlegensten Erdenwinkel aufstöbern, um mit ein paar Schiffsladungen Korn die italischen Städte zu retten! Eine drastische Illustration hiezu bietet ein Brief des Statthalters der an den Donaumündungen gelegenen Provinz Mösien

[1]) S. Ed. Meyer im Handwörtb., II. Suppl.-Bd., p. 443 ff.
[2]) Marquardt, Privatl., I., p. 160.
[3]) Marquardt, Staatsverw., II., p. 112/3. Mommsen, Röm. Gesch., III., p. 25/6.
[4]) S. Poehlmann, Die Übervölkerung der antiken Großstädte, p. 70 ff.; Mommsen, Röm. Gesch., III., p. 512.
[5]) S. Mommsen, Röm. Gesch., III., p. 512.

an Kaiser Nero, worin der Berichterstatter nebst andern kriegeri-
schen und diplomatischen Erfolgen sich auch rühmt, dass er
zuerst durch Getreidesendungen speciell aus dieser
Provinz das Brot in Rom verbilligt habe.

Besser vielleicht als alle detaillierten Schilderungen kenn-
zeichnen diese Worte ihre Zeit. Da auf natürlicher Basis, d. h.
auf einem dem wirtschaftlichen Selbstinteresse der einzelnen
überlassenen Wege die Nahrungsmittelbeschaffung in Rom nicht
mehr möglich ist, so wird es eine Hauptaufgabe und ihre
glückliche Lösung eine der Hauptstützen des römischen
Kaiserthrones, mittels eines kunstvoll combinierten
Systemes von Steuern, Einkäufen, Verkehrsmitteln,
Speichern und Beamten Italiens Ernährung ohne
Stockung und Hungersnoth durchzuführen. Roms volks-
wirtschaftliches Gebilde trägt eben kein organisches Leben
mehr in sich; der mechanische Druck von außen, die Macht
und der Wille des Herrschers sind die einzig treibenden Factoren
geworden, und Rom kann nicht mehr leben, wenn die Herrscher-
macht zerfällt, oder jenes künstliche Netz der Güterversorgung
zerreißt. Egypten und Afrika, die Kornländer der Kaiserzeit,
sind der Schwerpunkt des römischen Weltreiches und darum
wichtiger als Rom selbst geworden. Die Kämpfe verschiedener
Kronprätendenten zeigen dies deutlich: Vespasian gedenkt
Italien zu erobern, indem er Egypten besetzt, und
Severus sendet ein starkes Heer nach der Provinz
Afrika, um Pescennius an ihrer Besetzung zu
hindern[2]). Und bekannt ist, dass die Alexandriner, um ihre
Überwinder zu ärgern, sich beständig rühmten, dass Rom ohne
die Fruchtbarkeit ihres Landes nicht leben könne[3]).

Diese großartige Organisation der Annona
konnte die alte Republik allerdings nicht leisten. Dazu
war die Macht ihrer höchsten Beamten zeitlich und räumlich
viel zu sehr beschränkt. Und geradeso wie der wirtschaftliche
Niedergang des gesammten bürgerlichen Mittelstandes das pro-
letarische Söldnerheer zum Gefolge hatte, welches unmittelbar
auf die Soldatenmonarchie hinarbeitete, so musste auch mangels
einer natürlich functionierenden Wirtschaftsorganisation, welche
alle Bedürfnisse befriedigt hätte, das künstliche Gebilde dieser
auf Herrengewalt gegründeten Güterversorgung Italiens in die
Bahn einer gewaltigen, das gesammte Weltreich unter einem
einzelnen Wollen beugenden Regierung, zum Kaiserthume

---

1) Anfang des ersten Jahrh. n. Chr.
2) S. dar. Mommsen, V., p. 573 ff.
3) S. Plinius, Lobrede auf Trajan.

drängen. Der Cäsarismus bringt die Machtconcentration für den Staatssocialismus. Das erste Jahrhundert vor Chr. und zugleich das letzte der Republik ist erfüllt von oftmals sich wiederholenden Hungersnöthen[1]), von Unruhen und Revolutionen[2]). Der Seetransport des Getreides ist gefahrvoll und geht überdies noch ungleichmäßig vor sich. Namentlich ist Rom durch permanente Hungersnoth bedroht, als die Seeräuber zu Herren der gesammten Meere sich aufspielen, von der Regierung aber deshalb nichts Ernstliches gegen sie unternommen wird, weil die Piraten gute Freunde des römischen Capitales, namentlich des Grundbesitzenden, sind und demselben durch systematisch betriebenen Menschenraub[3]) ausgezeichnet billige Sclaven lieferten, eine Beschäftigung, welche übrigens auch zuzeiten, den römischen Capitalisten nicht zu schlecht dünkte[4]), namentlich, wenn der Sclavenmarkt gerade wenig Angebot und theuere Preise aufwies. So wurden in Sicilien massenhaft arme freie Leute unter die Sclavenherden gesteckt. Und als schließlich die Regierung einschritt, da wollten die Freiheitsprocesse gar kein Ende nehmen. Aber das Capital setzte es durch, dass weitere Untersuchungen unterblieben: da brach der große Sclavenaufstand des J. 104 v. Chr. aus[5]) und es dauerte nicht weniger als 4 volle Jahre, bis die Römer der Aufständischen Herr wurden. Und von da ab bilden durch ein Jahrhundert die Sclavenaufstände, welche sich fast jährlich wiederholen und zu gewaltigen Kriegen anschwellen, die Regel. Allerdings hatte auch schon 30 Jahre vorher eine Erhebung der Sclavenschaft Siciliens fruchtbare Gefilde verödet. Das Jahr 134 fand die ganze Insel in heller Empörung und auch damals hatten drei consularische Heere vergeblich gegen die Anführer gekämpft, deren Zahl nach der mindesten Angabe auf 70,000 sich belief[6]).

Weniger schädlich dem Capitale, das sich auf hundert andern Wegen für die jahrelange Unrentabilität seiner Lati-

---

[1]) S. Mommsen l. c. III., p. 25/6, über das Jahr 75 v. Chr.; dens., I., p. 839, über die Theuerung im Bürgerkriege 88—82 v. Chr.; dens., III., p. 82, über das Jahr 67. Suet. Aug. cap. 41 über das Jahr 6 n. Chr., vergl. Friedländer, Sitteng., I., p. 56.

[2]) Neben den inneren Unruhen der Proletarier auch die gesammte Schilderhebung der Italiker 91—88 v. Chr.

[3]) S. Ed. Meyer im Handwtb., II. Suppl.-Bd., p. 443 ff.; Mommsen l. c. III., 78 ff.

[4]) S. Mommsen, Röm., Gesch., II., p. 75.

[5]) S. Mommsen l. c. II., p. 134 ff.; vgl. Ed. Meyer in Conrads Jahrb. 1895, p. 749.

[6]) S. dens. l. c. II., p. 77 ff.; Ed. Meyer, Untersuchungen z. Gesch. d. Gracchen, p. 91.

fundien regressiert, sind derartige Unterbrechungen der Nahrungs-
mittelzufuhr und namentlich die daraus folgenden Preisschwankungen ein schweres Unglück für die Volkswirtschaft, welche
unter der wechselnden, oft ganz ausbleibenden Getreidezufuhr
furchtbar leidet. Hat doch Gaius Gracchus dem Capitalisten-
stande ein weites Feld zum Raubbau eröffnet: Die Provinz
Asien, deren Steuereinhebung in Rom verpachtet
wurde[1])! Schon 167 v. Chr. mit der Eroberung Macedoniens
hört die Besteuerung der römischen Bürger vollends auf[2]),
die gesammten Staatslasten ruhen von nun an auf
den Provinzen. Da aber all diese Tribute und Zölle, ver-
mehrt um die üblichen Erpressungen, zuerst durch die Hände
des Capitals gehen, bis sie an den Staat gelangen, so kann man
sich annähernd eine Vorstellung machen, um wie viel die Vermögen zunahmen, und welche umso größere Gesammtwirkung
dieses Zunehmen üben musste, da in ebendemselben Maße der
bürgerliche und bäuerliche Mittelstand hinschwindet. Ungeheuere Summen müssen an die Wähler von denen
geopfert werden, welche zu Prätoren oder Consuln
gewählt werden wollen. Im Jahre 54 v. Chr. wird bei der
Consulwahl die erste Stimmabtheilung allein mit
2 ¼ Millionen Mark (10 Mill. Sesterzen) bezahlt[3]). Dafür
geht man nach Ablauf des Amtsjahres tief verschuldet
als Statthalter in eine reiche Provinz, aus welcher
man als Millionär zurückkehrt[4]). Aber auch diejenigen
welche nur als Zollpächter und Wucherer daselbst
ihr Capital durch „Arbeit" vermehren müssen, nehmen, was
ihnen in die Hände fällt: So erklärt sich im Jahre 100
v. Chr. der König von Bithynien außerstande, den
verlangten Zuzug zu leisten, weil jene Pächter alle
arbeitsfähigen Leute als Sclaven weggeschleppt
hätten[5]). Man verdiente eben in der Provinz nicht nur durch die
Geldgeschäfte, sondern verschaffte sich auch „billigst" das
Arbeitsmaterial für seine Latifundien, die man wegen
der für die Staatspachtungen vorgeschriebenen Realcaution
besitzen musste. Dabei treibt das ewige Wechselspiel zwischen
capitalistischer Getreide-Überproduction und Getreidemangel

---

[1]) Vergl. Pöhlmann, Übervölkerung, p. 29 ff.
[2]) S. Marquart, Staatsverw., II., p. 177 S.
[3]) Beispiele: Cic. acc. in Verrem; Friedländer, Sitteng., I., p. 229 ff.;
vergl. Marquardt, Privatleben, I., p. 171; Rodbertus in Hildebrands Jahrb.
VIII., p. 458; Marquardt, Staatsverw., II., p. 210; Rodbertus in Hildebrands
Jahrb. IV., p. 349. Cäsar und andere schuldeten Millionen infolge der Wahlen.
[4]) S. Mommsen, Röm. Gesch., III., p. 524.
[5]) Mommsen, Röm. Gesch., II., p. 74/5.

5*

ungehindert weiter: Erst hatten Italiens Latifundien Getreide produciert und waren durch Sicilien erdrückt worden. Dann hatte das Capital die sicilischen Ebenen occupiert und war durch Überproduction und die Steuern der andern neu eroberten Provinzen erdrückt und zur Weidewirtschaft gedrängt worden, wodurch sich wieder ein Mangel an Korn ergab, und nun errichtet das Capital neue Plantagen in Afrika und andern Provinzen[1]), wobei genau nach dem ursprünglichen Muster von Italien das Bauern-Austreiben schwunghaft betrieben wird[2]). Damit aber die Sclaven namentlich im Winter, wo ja die Feldarbeit ruht, nicht unbeschäftigt ernährt zu werden brauchen, legt man, wo immer es die Verhältnisse gestatten, Industrien an[3]). Mag sein, dass diese oftmals aus geringen Anfängen hervorgegangen waren, welche zuerst nur den Zweck hatten, der arbeitenden Sclavenschaft nebst den Lebensmitteln auch noch andere nothwendige Gebrauchsgüter aus und auf dem Gute selbst zu verschaffen, wie Kleidung und Schuhwerk und dadurch wieder an Erhaltungskosten zu ersparen. Eine derartige Wirtschaftsweise liegt nahe genug, insbesonders wo Arbeitskraft und Boden genug vorhanden ist, um auf einem Besitze verschiedenartige Producte zu gewinnen. Können doch noch heute die Bauern der Alpenländer ihren ganzen Hausbedarf an Wäsche und Kleidung selbst erzeugen! Und dieses Bild der spätrömischen Sclaven- und Latifundienwirtschaft ist es, welches Rodbertus zu dem schweren Irrthume verleitet hat, die ganze antike Welt vom Anfange bis zum Niedergange in der rein hauswirtschaftlichen Organisation des Oikos, d. i. des den gesammten eigenen Bedarf selbst deckenden Einzelhaushaltes, zu sehen[4]). Auf welche Weise hätte da eine Millionenstadt wie Rom entstehen und woher ihren Güterbedarf beziehen sollen? Schon die Vermehrung der Fabriken, welche namentlich in der Kaiserzeit[5]) hervortritt, zeigt, wie sehr diese Industrie auf den Absatz hinzielt[6]). Sandsteingruben,

---

[1]) S. dens. l. c. III., p. 14; schon zu Ciceros Zeit (+ 43 v. Chr.), also schon in der ersten Hälfte des 1. Jahrh. v. Chr., ist Afrika Roms Kornkammer.

[2]) vergl. Rodbertus unten.

[3]) S. Details bei Friedländer, Sitteng., I., p. 227 ff.; Loria l. c. p. 75; Marquardt, Staatsverw., II., p. 256.

[4]) S. Rodbertus in Hildebrands Jahrb. IV., p. 345 ff. und 426 und VIII., p. 387: Der Oikos schuf zwar womöglich alles, aber nichts im Übermaße!

[5]) S. Marquardt l. c.; dens., Privatl., II., p. 187; Loria l. c., p. 75.

[6]) S. Bücher im Handwtb. d. Staatswissensch., III., p. 927, welcher dieses wichtige Moment hervorhebt.

Ziegelwerke, Filzfabriken, Töpfereien und Bergwerke wurden auf den großen Gütern eingerichtet, ja selbst Kaiser und Mitglieder ihrer Familie zogen bedeutende Einnahmen aus dem Betriebe von Ziegeleien[1]).

Währenddessen gewinnt Rom selbst immer mehr das Gepräge eines Hochsitzes des Capitals, einer Welt- und Weltverkehrsstadt, wie die antike Cultur keine zweite gesehen. Abgesehen von den bereits erwähnten zahllosen Buden und Verkaufshallen, welche an Waren alles enthalten, was die verschiedensten Völker und Länder der Erde erzeugen, den Bernstein des Nordmeeres so gut wie die indische Perle, arabische Wohlgerüche wie spanische Wolle, egyptisches Linnen wie griechischen Wein, afrikanisches Öl und chinesische Seide, britannische Tücher und Pelzwaren vom Don[2]): Ganz abgesehen von all diesen hauptsächlich dem das Capital umgebenden Luxus dienenden Welthandel, gibt es auch in den Provinzen fast kein Geschäft, das nicht durch die Hände des römischen Capitals gienge, das nicht sein Scherflein zu dessen Vermehrung beitrüge, welches nicht, wie die Überlieferung berichtet, in den Büchern des römischen Kaufmannes verzeichnet stünde[3]): Der gesammte Umsatz von Geld und Ware ist Monopol des röm. Capitals; und da von Sulla im Jahre 84 v. Chr. der Provinz Asien eine Kriegssteuer auferlegt wird, sind sofort wieder die römischen Wucherer zur Stelle, welche sie vorstrecken. Binnen 14 Jahren beträgt die Schuld das Sechsfache der geliehenen Summe! Die Gemeinden müssen ihre öffentlichen Gebäude, die Eltern ihre Kinder verkaufen, um den unerbittlichen Gläubigern gerecht zu werden[4]).

Ein großer Theil römischer Negotiatoren muss sich dabei allerdings zeitweise in den Provinzen aufhalten. Und wie überflutet diese von römischen Capitalisten waren, zeigt die Thatsache, dass Mithradates an einem Tage 80,000 Italiker in Kleinasien tödten lassen konnte[5]). Schließlich aber strömten doch all diese erbeuteten Gelder nach dem Mittel-

---

[1]) Friedländer l. c.; Mommsen, Staats-Recht, II. 2, p. 851; Plin. Epp. V., 4, 1.

[2]) S. Marquardt, Privatleben, II., p. 747 ff. und die dort citierten Quellen; Blümner, Die gewerbliche Thätigkeit der Völker des classischen Alterthums, Leipzig 1869; Friedländer, Sittengesch., I., p. 7 ff.

[3]) S. Mommsen, Röm. Gesch., II., p. 393.

[4]) S. dens. l. c.

[5]) 88 v. Chr.

punkt alles Lebens, nach Rom[1]). in dessen Straßen man alle Sprachen der Erde hören konnte, das als richtiger internationale Capitalssitz alles an sich zog, was verdienen, handeln, speculieren und wuchern wollte. Schon Cicero[2]) nennt Rom eine aus allen Völkern gemischte Gemeinde. Vor allen aber sind es die handels- und redegewandten Stämme des Ostens[3]). welche das bunte Treiben heranlockt: Hellenen. Syrier, Phönicier und namentlich Juden[4,5]) strömen massenhaft herbei. Schon 139 v. Chr. wies sie der Prätor aus. und Sulla[6]) bemerkte. dass kaum ein Ort zu finden sei, wo sie nicht erschienen und großen Einfluss gewonnen hätten, und so war denn auch in Rom selbst ihre Zahl und ihre Macht sehr bedeutend[7]). Eine Gesandtschaft des Herodes soll von 8000 in Rom lebenden Volksgenossen zu Augustus geleitet worden sein[8]) und dessen Nachfolger Tiberius zwang 4000 Juden zum Heeresdienste und vertrieb schließlich alle aus Rom[9]). wodurch jedoch keineswegs der gewünschte Erfolg erzielt wurde: ein deutliches Zeichen, wieviel es in Rom mit Handelsspeculation und Wucher zu verdienen gab. wenn man rührig war und Geld besaß.

Das mobile Capital hatte eben auf seiner Suche nach Anlageobjecten infolge des lockenden Gewinnes sowie der Leichtigkeit. von einem bereits eroberten Gebiete auf verwandte und naheliegende überzugreifen. die gesammte Production und Circulation der Güter erfasst und monopolisiert, und musste schon infolge dieses Ergebnisses wie immer und überall, wo das Capital zur Herrschaft gelangt, die Tendenz zeigen, einerseits ins Ungemessene zu wachsen, anderseits die capitalarmen und die mit geringeren Capitalien arbeitenden Classen, denen die Leichtigkeit der Bewegung und Concurrenzfähigkeit mangelte, zu überwuchern und zu erdrücken. Für beide Punkte liefert Rom einen deutlichen Beweis: Die Capitallosen, welche ehedem

---

[1]) S. Mommsen, Röm. Gesch., I., p. 845 u. III., p. 520: Darum ist dort der Zinsfuß um die Hälfte geringer als überall (nur 6%).

[2]) In der ersten Hälfte des 1. Jahrh. v. Chr.: Lucanus († 65 n. Chr.) nennt es mit der Hefe des Erdballs erfüllt; ähnlich Herodian. Dar. Friedländer. Sittengesch.. I., p. 189 u. 317 ff.

[3]) „Es ist, als ob der ganze Orontes (Hauptfluss Syriens) sich in den Tiber ergossen hätte." sagt Juvenal im 1. Jahrh. n. Chr.. vergl. Mommsen, Röm. Gesch.. II., p. 408,9 u. III., p. 531 u. 549.

[4]) S. Friedländer l. c.; Marquardt, Privatleben. I.. p. 166.

[5]) S. Mommsen, Röm. Gesch., III., p. 421.

[6]) Anfang des ersten Jahrh. v. Chr.

[7]) Cic. pro Flacco 28: vergl. Mommsen, Röm. Gesch., III., p. 520.

[8]) Kurz n. Chr. Geb., s. Friedländer, Sittengesch., I., p. 347,8.

[9]) Tac. Annal. 2. 85.

als Taglöhner leben konnten, sind zum Theil zugrunde gegangen, weil die Sclaven billiger sind, zum Theil sind sie — freiwillig[1]) oder gezwungen — selbst Sclaven geworden, zum Theil fristen sie als hungerndes Stadtproletariat ein elendes Leben. Wie der mit geringem Capitale arbeitende bäuerliche Mittelstand dahinschwand, ist bereits dargelegt worden; aber auch der bürgerliche Mittelstand der Städte, ehemals freie Handwerker, wurde immer mehr und mehr verdrängt durch Sclaven und Freigelassene, welche mit dem Capitale ihrer Herren und für dieses erwerbend, sei es durch Verarbeitung der von den Gütern ihrer Patrone stammenden Rohstoffe, sei es durch die Möglichkeit, mit Hilfe des Capitales solche in größeren Quantitäten billiger zu erhalten, bieten[2]) eine unbesiegbare Concurrenz. So werden auch die Gewerbe, ohne deshalb in große capitalistisch organisierte Fabriksbetriebe überzugehen, dennoch Filialen des Großcapitales. Und eben weil der nunmehrige Inhaber eines solchen Betriebes nicht mehr der ehemals geachtete bürgerliche Meister ist, sondern einen Lohnarbeiter gemeinster Kategorie darstellt, so kommt es auch, dass das Handwerk zu einer verachteten Beschäftigung wird. Was die Sclaven thun und thun müssen, um sich die Freiheit zu erschachern, das mag nicht einmal der ärmste Freie betreiben, damit er nicht jenen gleich gehalten werde[3]). Aber auch das größere Capital hält dem größten gegenüber nicht stand: Schon im Jahre 104 v. Chr. kann der Tribun Philippus, noch dazu ein eifriger Anhänger der Capitalistenpartei in öffentlicher Rede auf dem Forum sagen, es gäbe in Rom nicht 2000 Leute, die Vermögen

---

[1]) S. Ed. Meyer, die wirtschaftl. Entw. des Alterth. in Conrads Jhb. 1895.

[2]) S. Karlowa, Röm. Rechtsgesch., p. 63/4; insbesonders Marquardt, Privatleben, II., p. 400 ff. u. I., p. 164 ff.; ferner Friedländer, Sittengesch., I., p. 265; vergl.-Digestentitel 14, 4 über die actio tributoria.

[3]) S. Ciceros Urtheil über die Erwerbszweige (Cic. de off. I., 42) bei Mommsen, Röm. Gesch., III., p. 520: Handwerk und Lohnarbeit sind gemein. Kleinhandel ist ebenfalls gemein. Großhandel ist nicht gerade sehr zu schelten. Besonders wenn der Kaufmann schließlich mit dem erworbenen Gelde sich zum Grundbesitzer macht, so ist er sogar zu loben. Durchaus ehrenhaft und des freien Mannes würdig ist eben nur die Beschäftigung als Grundbesitzer. Auffällig hiebei sind zwei Punkte: Erstens, dass industrielle Unternehmungen mit keiner Silbe erwähnt werden, ein Zeichen, dass solche — im Gegensatze zu Griechenland — kaum vorhanden waren oder nur als gelegentliche Nebenbetriebe auf den großen Gütern vorkamen, und zweitens demonstriert das Lob, welches hinterher der Kaufmann erhält, wenn er sein auf nicht ganz ehrenhaftem Wege erworbenes Capital in Grundbesitz anlegt, den echt capitalistischen Standpunkt, welcher durch den Zweck gerne die Mittel heiligen lässt und schließlich sogar zu der Anschauung gelangt, dass es für den reichen

besäßen[1]). So lautete das Resultat eines Jahrhunderts der
Welt- und Capitalherrschaft! Und noch einmal ein Jahrhundert
später, da haben die als Ritterstand organisierten Capitalisten
schon die Senatoren überflügelt, deren Verhältnisse im
Vergleiche zu dem, was damals reich heißt, und was sie als
1. Stand im Staate an Repräsentation leisten sollten, oftmals fast
ärmlich erscheinen, und nicht wenige Kaiser müssen durch
Schenkungen oder jährliche Zulagen die Mittel
manches altadeligen Geschlechtes ergänzen, damit
es seine Würde nicht einbüße[2]). Während also der
Vermögenscensus der Senatoren oft schon als für Reiche zu
nieder erscheint, hatte sich der des Mittelstandes, welcher die
Masse der Kriegsmacht stellen sollte, gar bald als zu hoch
erwiesen, wenn man überhaupt noch Bürgerheere aufbringen
wollte: mit anderen Worten: Es gab keinen Mittelstand,
aber auch kein anderes Capital mehr als das größte
der Großen.

Die Geschichte des Luxus und der Vermögen illustriert
trefflich diese Entwicklung: Als um 200 v. Chr. die karthagischen Gesandten von Italien nach ihrer Heimat
zurückkehrten, da erzählten sie spöttelnd ihren Landsleuten,
wie für sämmtliche römischen Senatoren ein ein-
ziges silbernes Tafelgeschirr ausreiche und wie ihnen
dieses in jedem Hause, wo sie zu Tische geladen waren, immer
wieder von neuem begegnet sei[3]). Die Karthager durften
lächeln über das armselige Bauernnest, das hundertpfündige
Schüsseln aus Edelmetallen noch nicht kannte. Und
dennoch — oder vielleicht gerade deshalb — ist Rom die
Herrin von Karthago geworden; mag es auch an Reichthum
nicht das Zehntel dessen gehabt haben, was jene lybischen
Kaufherren besaßen, so war doch damals noch sein geringer

Senator, der sein Geld so gut anlegen muss, als er eben kann, gar nicht
unehrenhaft sei, sein Haus als Bordell zu vermieten (Dig. 5, 3, 27 §. 1).
Friedländer, Sittengesch., I., p. 271. Derselbe Widerspruch, welcher darin
liegt, das Handwerk zu verachten, aber es durch die eigenen Sclaven mit
eigenem Capital zu betreiben und den Löwenantheil des Gewinnes einzu-
stecken. Wenn nur das eingenommene Goldstück schön blank ist, dann
ist es ja gleichgiltig, woher es stamme. Hat doch auch jener Kaiser,
welcher die Pissoirsteuer einführte, ob dieser schmutzigen und des Römerstaates unwürdigen Erwerbsquelle getadelt, dem idealistischen Schwärmer
das erste aus dieser Steuer einlaufende Goldstück unter die Nase gehalten
mit den Worten: Non olet: Sieh, es hat ja doch keinen üblen Geruch!
[1]) Cic. de off., II., 73: Non esse in civitate II. milia hominum, qui
rem haberent.
[2]) s. z. B. Aelius Spartianus, Hadu. c. VII.
[3]) S. Mommsen, Röm. Gesch., I., p. 500.

Reichthum das Eigen des ganzen Volkes und nicht einiger
weniger Krösusse. Bald aber ändern sich die Verhältnisse.
Scipio Aemilianus (um 200 v. Chr.) besaß nur 32 Pfund
bearbeitetes Silber im Werte von 2400 Mark. Sein
Neffe Q. Fabius (Consul 121 v. Chr.) bringt es zuerst auf
1000 Pfund oder 75.000 Mark. Marcus Drusus (Volkstribun
91 v. Chr.) besitzt schon 10.000 Pfund oder 750.000 Mark[1]).
Und die misenische Villa, welche Cornelia, die Mutter der
Gracchen (ungefähr 150 v. Chr.), um 17.000 Mark gekauft
hatte, wird von L. Lucullus (Consul 74 v. Chr.) um den
33-fachen Betrag erstanden[2]). — Wie der Luxus, das Kind
des Reichthums, so zeigt auch dieser selbst die steigende Pro-
gression: Um 200 v. Chr. erhalten die Töchter des Scipio
Africanus jede 270.000 Mark als Mitgift[3]), während der reichste
Grieche dieser Zeit nur 1½ Millionen Mark besitzt. Es
ist dies bezeichnend für die beiden Volkswirtschaften. Rom,
dessen innere Entwickelung noch lange Zeit gebraucht hätte,
um aus sich selber durch Industrie und Handel — die größten
Capitalbildner aller Zeiten — einen derartigen Reichthum hervor-
zubringen, jenes Rom, dessen Gold auf ganz unproductive Weise
von außen hineingetragen worden war, verfügt schon im Anfange
seiner eigentlich capitalistischen Epoche über größere Capitalien
als Griechenland, welches langsam zur Capitalherrschaft gelangend,
dieselbe in dieser Zeit schon längst zur vollen Blüte gebracht
hatte. Und ebenso bezeichnend ist auch der Ausspruch eines
Griechen über den jüngeren Scipio Africanus (um
150 v. Chr.), dass er „für einen Römer" nicht reich
gewesen sei[4]). Umso ärgere, die ganze Volkswirtschaft
mächtig ergreifende Umwälzungen konnten deshalb fast plötzlich
in Rom eintreten, dem Capitale neue Nahrung geben und es
abermals vergrößern.

Aemilius Paullus (Sieger von Pydna 168 v. Chr.)
besaß nur 300.000 Mark und galt folglich auch nicht
für einen reichen Senator[5]); immerhin aber musste diese
Summe damals noch ein ganz respectables Vermögen
ausmachen: 30 Jahre später, zur Zeit der Gracchen (um
125 v. Chr.), beträgt ein mäßiges senator. Vermögen
schon 684.000 Mark und 456000 Mark sind eben noch
ein passables Rittervermögen[6]).

[1]) S. Mommsen, Röm. Gesch., II., p. 402.
[2]) S. dens., II., p. 401.
[3]) S. dens., I., p. 845.
[4]) S. dens. l. c.
[5]) S. dens. l. c.
[6]) S. dens., II., p. 395; vergl. III., p. 523.

Um das Jahr 50 v. Chr. sehen wir allerdings schon andere Reichthümer: Pompeius besitzt 16 Millionen Mark, sein freigelassener Demetrius 18½, während sein Zeitgenosse Crassus trotz ungehenerer, kurz vor seinem Tode gemachter Spenden an das Volk noch immer 39 Mill. Mark hinterlässt[1]. Allerdings war damals die wilde Jagd nach dem Mammon schon soweit gediehen, dass man aus Richterbestechungen ein Gewerbe machen durfte[2]. Aber nicht allzulange sollte man Crassus für den reichsten der Römer gehalten haben! Narcissus, ein Freigelassener des Kaisers Claudius (um 50 n. Chr.), besitzt gar 87, sein Zeitgenosse Pallas, ebenfalls ein Freigelassener der kaiserlichen Familie 65½ Mill. Mark[3]. Damit ist allerdings auch der Gipfelpunkt trömischen Reichthums erklommen. Ein weiteres Steigen kann nicht mehr stattfinden. Das Vermögen des Narcissus ist überhaupt das größte aus dem Alterthume bekannte[4].

XII. Der große wirtschaftliche Zusammenbruch.

Es ist bereits erwähnt worden, dass Rom und seine Volkswirtschaft trotz all des schimmernden Glanzes von Reichthum, seinen Marmorpalästen und Feenschlössern auf das tiefste darniederlag. Im Vergleiche zu dem, was Italien gemäß seiner Capitalien producieren konnte, im Vergleiche zu dem, was es gemäß seiner Stellung als Mittelpunkt der antiken Welt producieren sollte, und schließlich im Vergleiche zu dem, was es früher thatsächlich produciert hatte, kann für die Zeit der sinkenden Republik im letzten Jahrhundert v. Chr. überhaupt von

---

[1] S. Mommsen l. c. III., p. 523. Über Demetrius s. Friedländer, Sittengesch., I., p. 349.

[2] S. Mommsen l. c. III., p. 14 u. 528; Rodbertus in Hildebrands Jahrb. V., p. 292; Drumann Licin. Crassus §. 5.

[3] S. Friedländer l. c. I., p. 83.

[4] S. Friedländer, Sittengesch., I., p. 83. Um überhaupt einen Begriff von der in einem derartigen Schatze ruhenden wirtschaftlichen Macht zu bekommen, muss man bedenken, dass der Zinsfuss des römischen Alterthumes bis zu jener Zeit durchschnittlich 10—12 % beträgt. Da sich große Vermögen jedoch stets schlechter verzinsen als der percentuelle Durchschnittssatz angibt, so können wir immerhin noch eine Rente von 6—8% annehmen. Verglichen mit den heutigen Verhältnissen, wo ein großes Capital kaum 3—4%, also höchstens die Hälfte trägt, müssen wir alle die angegebenen Zahlen mindestens verdoppeln, um mit unsern modernen Begriffen ihre Bedeutung noch richtig zu würdigen.

Production kaum mehr die Rede sein. Nicht einmal die einfachste, aber auch wichtigste wirtschaftliche Function, welche jedes noch so nieder stehende Volk leistet und leisten muss, die Versorgung mit dem täglichen Brote, kann Italien mehr erfüllen, weder durch Anbau des Getreides im eigenen Lande, noch durch Production von Exportwerten, die bei fremden Volkswirtschaften gegen Korn umgetauscht würden. Die Hauptmasse der Bürger waren zwar seit jeher Ackerbauer gewesen, aber diese sind zugrunde gegangen, einerseits durch die capitalistisch-billige Getreideproduction und andererseits durch den noch billiger abzugebenden Getreideraub des Staates. Die volkswirtschaftlich so wichtige Kette zwischen den Einzelwirtschaften, der ungestörte Kreislauf der nöthigen Lebensgüter, welcher das einzelne Dasein so fest eingliedert in den großen Verband, dass es nicht mehr versinken kann, diese wirtschaftlich nothwendige Kette ist in dem Augenblicke zerrissen, da die Römer die Grundbasis ihrer Gesammtwirtschaft, den Getreidebau, verließen und Sicilien zur Kornkammer machten. Es wurde auch ferner gezeigt, wie einerseits unter dem Einflusse des den höchsten Gewinn suchenden Capitals und andererseits durch die Staatsconcurrenz die billigere und folglich besser rentable Viehzucht den Ackerbau verdrängt, welcher, da der Raum der alten Länder schon als Weideland fast gänzlich occupiert ist, in immer weiter entfernte, neu eroberte und billigere Gebiete sich zurückziehen muss, und wie schließlich das immerwährende, sich wiederholende Spiel des Capitals, auf den Ackerbau sich zu werfen, dann wieder davon abzugehen und wieder in anderen Ländern damit zu beginnen, Rom beständig zwischen den unnatürlichsten Überflüssen und der bittersten Noth an Nahrung hin- und herschwanken lässt. So ist zur Zeit des alten Cato († 149 v. Chr.) noch Sicilien das scheinbar unerschöpfliche Kornland, zur Zeit Ciceros († 43 v. Chr.) schon ödes Weideland, während Afrika seine Rolle schon vollständig übernommen hat und die Latifundienwirtschaft in womöglich noch größerem Maße als früher Sicilien zur Blüte bringt. Sechs Herren besitzen um Christi Geburt die halbe Provinz Afrika und Nero lässt dann sieben, welche dieses Vermögen besitzen, hinrichten, um ihre Güter einzuziehen. Schließlich wird Egypten zu Beginn der Kaiserzeit eine Hauptquelle für die Ernährung Roms und liefert jährlich $1^3/_4$ Millionen Hektoliter Weizen, $^1/_3$ des gesammten Getreidebedarfes, den Rest von $3^1/_2$ Millionen Hektoliter liefert Afrika.

Angesichts dieser Thatsachen bedarf es wohl kaum noch
der Hervorhebung, dass Italiens Bürgerschaft, ihrer fast
einzigen Erwerbsquelle beraubt, erschrecklich dahinschwand
und als Bettelproletariat von Rom sich gerne von viel versprechenden Feldherren anwerben und von viel zahlenden
Demagogen als entartete Demokratie verwenden ließ, um
schließlich demjenigen, der beides in einer Person war, die
Garde des Kaiserthrones zu bilden.

Und also — vielleicht unbewusst — hervorgegangen aus
einer wirtschaftlichen Nothwendigkeit, hat auch das Kaiser-
thum unablässig an diesem Punkte weitergebaut: Das billige
Getreide hat den römischen Cäsarenthron errichtet und
billiges Getreide ward fürderhin seine unablässige Sorge.

Die wirtschaftliche Unnatur der Verhältnisse brauchte die
gesammte Macht des Weltreiches einheitlich concentriert auf
jene Function, welche das Privatinteresse und die Privatwirt-
schaften zu erfüllen längst nicht mehr imstande waren.

Und trotzdem gelingt es durch ein volles Jahrhundert

Und also — vielleicht unbewusst — hervorgegangen aus
einer wirtschaftlichen Nothwendigkeit, hat auch das Kaiser-
thum unablässig an diesem Punkte weitergebaut: Das billige
Getreide hat den römischen Cäsarenthron errichtet und
billiges Getreide ward fürderhin seine unablässige Sorge.
gewesen, wiewohl die Kaiser in Italien großartige Hafenbauten zur Sicherung der Transport-
flotten anlegen[2]), unzählige Getreidespeicher
aufführen, in Egypten sogar mehrmals den Nil
regulieren ließen[3]) und durch Anlage von Canälen
die Fruchtbarkeit des Landes gewaltig steigerten.

Dabei werden die Frumentationen zwar immer großartiger, aber auch immer theuerer, und die Kaiserzeit, in
welcher die Eroberungskriege schon deshalb aufhören müssen,
weil die antike Culturwelt bereits unterjocht ist, verliert damit
jene ungemessenen Summen, welche früher als willkommene
Beute hundertmal eingeheimst worden waren. Dem Kaiserthume ist es folglich auch vorbehalten gewesen, ein groß-
artiges Steuersystem auszuarbeiten, den Unterschied
zwischen Herrschern und Beherrschten fallen zu
lassen und alle Völker, Römer, Hellenen wie Barbaren, gleichmäßig zu den Staatslasten heran-

---

[1]) S. Hirschfeld im Philologus Bd. 29.
[2]) S. Mommsen, Röm. Gesch., V., 573 ff.
[3]) S. dens. e. l.

zuziehen, zumal als auch die durch Erpressung, Raub und Krieg furchtbar herabgekommenen Provinzen für sich allein kaum mehr leistungsfähig und völlig ausgepumpt erscheinen. Da die Steuern jedoch fast durchgängig in Naturalien bezahlt werden und in ebendieser Form zur Verwendung gelangen, so beginnt auf dem Wege einer fortwährend sich erneuernden Münzverschlechterung jenes große Versagen der Staatsfinanzen, welches schließlich in einem vollständigen Staatsbankerott endigt. Unter Cäsar hatte die Goldmünze (aureus) 8·185 Gramm, unter Nero sank sie auf 7·28 Gramm, unter Caracalla (um 200 n. Chr.) auf 6·55 Gramm, von Alexander Severus an (um 230 n. Chr.) wird auch dieser Fuß nicht mehr eingehalten und unter Diocletian (um 300 n. Chr.) schließlich auf 5·453 Gramm reduciert. Den Schlussstein dieser Entwickelung bildet die berühmte Taxordnung[1]) dieses Kaisers, welche die Ware wieder zum Gelde, das Gold wieder zur Ware macht, indem es in einer fast endlosen Aufzählung für sämmtliche Artikel den Preistarif angibt, welcher nicht überschritten werden darf. Rom, der gewaltige, durch ein Jahrtausend bestandene Freihandelsstaat, welcher keinen Schutz- und keinen Prohibitivzoll zu Gunsten der heimischen Volkswirtschaft gekannt, der dem Capitale den freiesten, ungehemmtesten Spielraum beliebiger Entwickelung gelassen und das „Laissez faire, laissez passer" in seiner abschreckendsten Form durchgeführt hatte: Dieser großartige Freihandelsstaat endigt in directer Consequenz seiner Principien mit einem großen, sämmtliche gangbare Producte der antiken Cultur umfassenden Zwangstarife, welcher den gesammten freien Privatverkehr hätte vernichten müssen, wenn überhaupt noch ein solcher bestanden hätte. Und eben dies ist der zweite Satz, welcher mit erschreckender Klarheit aus der Diocletianischen Taxordnung hervorleuchtet: Es hat auch niemals einen Staat gegeben, der eine solche Fixierung leichter vertragen, dem ein Staatsbankerott weniger geschadet hätte, als dem Rom von damals, welches mit dem Aufhören der Beutekriege kein Geld zum Bezuge von fremden Waren, mit der Vernichtung seines productiven Bürgerstandes durch Capital und billiges Getreide keine eigenen Waren zum Umsatze mehr hatte.

Und ähnlich jener primitiven Wirtschaftsform, aus welcher Rom allmählich emporwuchs, ist auch diejenige, mit welcher es

---

[1]) S. Bücher: Diokl. Tax-Ord., Blümner, Dioklet. Maximaltarif.

abschließt: Aus der Hauswirtschaft emporgestiegen zur Geld- und Verkehrswirtschaft, endigt es in einem naturalen Vorpflegssysteme, einerseits gestützt auf die — in den Provinzen wenigstens — noch vorhandene Production von Getreide, Öl, Rindern, Schweinen, Schafen, Pferden, Wolle, Kleidern, Schuhen etc. und die in natura geleisteten Abgaben davon, andererseits gestützt auf dasjenige, was ein jeder im Hinblicke auf seine Person dem italischen Boden noch abringen mochte. Hatte doch derselbe aufgehört, ein Wertobject zu bilden, seitdem mit dem Verschwinden kaufkräftiger Bauern auch die gewerbetreibende Bürgerschaft der Städte verschwunden war, und diese, gleichwie das flache Land, verödet und entvölkert dalagen und den Capitalisten allein zurückgelassen hatten, dessen Reichthum sich nicht mehr verzinsen, dessen Grundbesitz keine Rente mehr tragen konnte mangels Absatzfähigkeit aller seiner Erzeugnisse, mangels der Kaufkraft der noch übrigen Bevölkerung. Immer und immer wieder ist in Italien unbebautes Land vorhanden, und alle die von den Kaisern künstlich geschaffenen Ansiedlungen — oft werden besiegte Barbaren als Bauern sesshaft gemacht — können doch die Lücken nicht mehr füllen. Schließlich wird, um die Lust zur Ansiedlung zu heben, im Jahre 193 n. Chr. verordnet, dass jeder, dem es beliebt, verödete Äcker zu occupieren, sofort auch Eigenthümer des Occupationsbesitzes werde. Wo waren die Zeiten, da das Capital, um das wertvolle Land zu bekommen, die Bauern in Italien, so gut wie in den Provinzen, mit Gewalt vertrieben hatte, und der Kampf um den Besitz der Staatsdomänen entbrannte über die Klage des Gracchus, dass die römischen Bürger, durch das Capital verdrängt, keinen Fußbreit Landes mehr ihr Eigen nannten? Der Kampf um das Ackerland hatte die Gracchen verschlungen und die hundertjährige Revolution entfesselt, die Sclavenmassen zum Aufruhre geführt, im Bundesgenossenkriege Italien verwüstet: Aber die Urenkel deren, die da kämpften und starben, brauchten kein Capital und keine Sclaven mehr zu fürchten, sie brauchten aber auch keine Staatsdomänen mehr. Der längst angebahnte, große, wirtschaftliche Zusammenbruch war zur vollendeten Thatsache geworden. Eben um diese Zeit ist es, da das Capital seinen Gipfelpunkt erreicht und dennoch unnützer geworden ist, als früher ganz geringe Vermögen. Ein Staat ohne Bürger, eine Volkswirtschaft ohne Production ist ein todtes Gebiet für die anlagebedürftigen Capitalien, welche jetzt auch ihrer Arbeitskräfte sich entledigen müssen. Vergeblich war Augustus gegen die massenhaften Freilassungen mit gesetzlichen Bestimmungen eingeschritten. Was hätte man auch mit der nutzlosen und durch den Unterhalt noch dazu kostspieligen Sclavenschaft anderes beginnen sollen, als sie freizugeben? Und wie dereinst die Clienten, welche gegen geringe Naturalabgaben vom Großbesitzer ein Stück Land zur Nutzung erhalten hatten, bei steigendem Bodenwerte verdrängt wurden durch die mehr Ertrag liefernden Sclaven, so werden diese jetzt wieder bei sinkendem Bodenwerte durch eine neue Form von Clienten verdrängt, durch Colonen. Diese sind zwar nicht vollkommen frei, sondern an die Scholle gebunden, aber sie haben genug, um Weib und Kind zu erhalten. Vielfach dürften sie aus den Ackerknechten hervorgegangen sein, die man anstatt gänzlicher Freilassung, um ihr Verlaufen zu verhindern, zwingen mochte, ansässig zu bleiben. Denn dadurch ward nicht nur der Besitz erhalten, sondern auch insoferne noch rentabel gemacht, als man, ohne selbst das Gut bewirtschaften zu müssen, dennoch die zum Leben nöthigen Naturalien daraus erhielt. Und zu Colonen dürfte auch jene Masse von Freien geworden sein, welche bei dem gänzlichen Stagnieren der gesammten Volkswirtschaft und der daraus folgenden Erwerbslosigkeit sich selber in die Sclaverei verkaufen mussten, um dem drohenden Hungertode zu entgehen[1]). Diese Erscheinung steht an sich noch keineswegs im Widerspruche damit, dass man durch Occupation Eigenthümer eines beliebig großen, eine Familie leicht ernährenden Landstückes werden konnte: denn um eine verödete Wirtschaft wieder in Gang zu bringen, bedarf es einerseits eines wenn auch kleinen Capitals zur Anschaffung der Werkzeuge, Ankauf des Viehstandes, der ersten Saat u. dgl., eine Thatsache, welche schon in dem alten römischen Sprichworte: Peculium sine pecunia fragile est, ihren

<hr />

[1]) Die gangbare Erklärung, welche Marquardt (Staatsverwaltung, II., p. 241/2) und Huschke, Census der früheren röm. Kaiserzeit, p. 169, für die Entstehung des Colonats aus der gezwungenen Ansiedlung besiegter Barbaren liefert, ist ungenügend, um das neu entstehende Verhältnis wirtschaftlich zu erklären. Man wollte und bedurfte doch, um der Verödung vorzubeugen und um Soldaten zu bekommen, einer freien Bauernbevölkerung.

Ausdruck findet, andererseits bedarf es aber auch des Vor-
handenseins eines Gewerbes, das Werkzeug und Utensilien
lieferte und einer Verkehrswirtschaft, um durch Absatz irgend-
welcher Producte alle anderen, auf dem Besitze nicht erzeug-
baren, nöthigen Güter fortgesetzt zu erhalten. An alledem
aber fehlte es damals und die Zeitlage war darnach, dass da
die zusammengeschlossenen Gentes ihre ursprüngliche hauswirtschaftliche Organisation wieder hätten beginnen dürfen. So ist
denn die römische Volkswirtschaft in völliger Auflösung
begriffen und diese äußert sich in dem rapiden Rück-
schritte zu früheren Formen. Die Beamten- und
Officiersgehalte werden in den zum Leben nöthigen
Naturalien bezahlt, von den Nahrungsmitteln
angefangen bis zu den für die Bedienung nöthigen
Sclaven, den Reitpferden, Kleidern, Schmuck und
Waffen, ja bis zu der als Maitresse gegebenen
hübschen Sclavin.

Von Augustus angefangen bis zum Ende des
Römerreiches sinkt der Zinsfuß ununterbrochen[1]),
ein Zeichen, wie sehr sich für das angehäufte mobile Capital
die Möglichkeit der Anlage verringert. Für das ungeheuere
Sinken des Grundwertes liefert ein drastisches Beispiel
das Verbot, Mündelvermögen in Grundbesitz anzulegen, und genau das Gegentheil von dem, was gesunde
Zustände als das schlechtere bezeichnen müssten, wird
geboten: Das Geld auf Zinsen auszuleihen, während
das Verschwinden der Geld- und Verkehrswirtschaft überhaupt,
sowie das fast gänzliche Aufhören inländischer Production in
diversen kaiserlichen Verboten der Adäratio, d. i. Leistung
der Steuern statt in Naturalien in der ihrem Werte
entsprechenden Bargeldsumme seinen unverkennbaren
Ausdruck erhält: Der Staat ist zwar beständig am Rande des
Bankerottes, und dennoch kann er kein Geld nehmen! Man
wüsste eben damit nichts mehr anzufangen. In Italien könnte
man ja doch nicht kaufen, was man braucht. Es würde nur
ein für den Einzelnen unübersteigliches Hinderniss bieten,
müsste er sich nach den verschiedensten Provinzen wenden,
um seinen Bedarf an Nahrung, Kleidung und anderen nöthigen
Dingen zu decken.

Der Handel hatte eben aufgehört; zuerst war ihm durch
die großartigen Getreidespenden des Staates die Möglichkeit
entzogen worden, einen sicheren und gleichmäßigen Gewinn
aus der Kornzufuhr nach Rom ziehen zu können, da oftmals

---

[1]) S. Rodbertus in Hildebrands Jahrb. V., p. 305.

die staatlichen Lieferungen Überfluss boten; andererseits aber blieben dieselben auch sehr häufig unter dem nöthigen Quantum, und dann brach mangels der Ergänzung durch Privatinitiative regelmäßig eine Hungersnoth aus.

Um die Mitte des 1. Jahrhunderts v. Chr. hatte der private Getreidehandel noch bedeutende Dimensionen. Genau ein Jahrhundert später sucht Kaiser Claudius vergebens durch Zusicherung von Havarieersatz und anderen bedeutenden Begünstigungen das Capital wiederum auf den Kornhandel zu lenken. Das Scheitern dieser Bestrebung erklärt sich leicht, wenn man bedenkt, dass im Jahre 73 v. Chr. die Frumentationen dem Staate nur 1³/₄ Millionen Mark, im Jahre 62 schon 5¹/₆, im Jahre 56 7, 46 13¹/₂ und kurz nach Christi Geburt 18 Millionen Mark kosten.

Als dann später mit der Abnahme der heimischen Kaufkraft und Production nöthig wurde, die Annona (die ursprünglich nur auf Getreide sich erstreckenden Spenden des Staates an die Bürger) auch auf andere Dinge auszudehnen, wurde auch das in der Kaiserzeit als Nahrung sich immer mehr einbürgernde Rind-, Hammel- und Schweinefleisch, ferner Wein, Öl, Salz und Speck in die Annona einbezogen: schließlich kommen auch andere Bedarfsartikel hinzu, wie: Kleidung, Leinwand, Schuhwerk, während der Staat sich für die Heere Fourage, Waffen, Pferde, für aufzuführende Bauwerke Materialien, Eisen u. dgl. liefern lässt. So wird unter Aurelian (270 n. Chr.) der Provinz Egypten die Lieferung von Glas, Papier, Flachs, Werg u. dgl. auferlegt, und seit Diocletian (um 300 n. Chr.) liefern die Provinzen genau so wie alle anderen Bedarfsartikel auch noch — Recruten.

Mit dieser unerhörten Ausdehnung der Annona auf alle Bedarfsartikel des täglichen Lebens, welche den Bürgern entweder, wie das Getreide, ganz umsonst oder um äußerst geringe Vergütung überlassen werden, hört denn auch genau so, wie zuerst der Kornhandel, so jetzt der Handel überhaupt auf. Was ihm noch bleibt, ist nicht mehr die Bedarfsdeckung einer Volkswirtschaft, sondern nur mehr die Lieferung von Luxusgegenständen an wenige Reiche.

Umso großartiger wird das Gebäude des Verpflegssystems, immer künstlicher, aber auch immer starrer gestaltet sich der Mechanismus, der an die Stelle einer gesunden, natürlichen Wirtschaftsorganisation getreten ist: Eine Unzahl von Speichern in Italien und in allen Provinzen dient zur vorläufigen Aufstapelung all der tausend Producte, welche die Römer brauchten und nicht selber erzeugten. Ehemals privilegierte und reichliche Erträgnisse abwerfende Unternehmungen, wie das von Capitalisten-Associationen betriebene Geschäft der Kornzufuhr aus den Provinzen auf Staatskosten, werden aus freien und rentablen Capitalsanlagen zu Lasten, die Gesellschaften selber zu Zwangsgenossenschaften, aus welchen sogar die Descendenten nicht austreten dürfen. Wie auf diesem Gebiete, so geht es auch auf allen anderen: Der ganze Staat wird zum ungeheueren Verwaltungsorganismus, in welchem jeder Einzelne seine bestimmte Stelle und Pflicht zugewiesen erhält. Weil der selbstthätige Organismus des socialen Körpers nicht mehr recht functionieren wollte, griff der Machtspruch der Regierungsgewalt wie ein belebendes Gift ein. Und weil dieses Gift eingegriffen hatte, wurde das organische Leben noch schwächer und starb endlich ganz ab, aber die automatischen Functionen sind noch lange geblieben, weit länger, als wir überhaupt noch von einem alten Rom reden dürfen.

Alle Aufmerksamkeit concentriert sich auf die so schwere Versorgung mit den nöthigen Gütern. Die ganze Gewalt der Legislative — namentlich das Strafgesetz — wirft sich mit einer oft geradezu komischen Verzweiflung auf den Schutz der Annona, der Abwehr des blassen Hungergespenstes, während in Italien selbst die fruchtbarsten Landstriche brach liegen. Getreidewucherer werden natürlich strenge bestraft: reiche Leute, welche Getreide aufspeichern, um es bei Theuerungen loszuschlagen. Ihrer wartet, wenn sie Handelsleute sind, Untersagung des Geschäftsbetriebes überhaupt, wenn sie keine Negotiatoren sind, sogar die Ausweisung. Leute aus niederen Classen werden wegen dieses Verbrechens gar zu öffentlicher Arbeit verurtheilt. Die Abstufung der Strafe nach arm und reich ist bezeichnend für den Capitalistenstaat, sogar noch zu einer Zeit, da die Reichen selbst nicht mehr als Oligarchie das Ruder führen, sondern, geradeso wie die Proletarier, zu Unterthanen des Kaisers herabgedrückt erscheinen.

Schließlich geht die Angst vor der Brotnoth so weit, dass den Sclaven, welche ja überhaupt keine Menschenrechte besitzen und am allerwenigsten gegen die eigenen Herren auftreten dürfen, in Ausnahmsfällen gegen diese dennoch Klagen erlaubt sind, wobei in der Aufzählung der Fälle neben der Münzverfälschung sogleich auch Schmälerung oder Theuerung des für das römische Volk bestimmten Getreides genannt wird[2]; ja sogar Frauen und infamierte Personen dürfen wegen Kornwuchers Klagen anbringen[3].

Hand in Hand damit geht die immer größere Aufspeicherung von Kornvorräthen in Rom. Unter Trajan (um 100 n. Chr.) kann eine Hungersnoth in Egypten verhütet werden, indem aus den italischen Magazinen Korn in diese Provinz geschickt wird[1]), und Septimius Severus (um 200 n. Chr.) hinterlässt gar einen Kornvorrath für sieben Jahre[5], wobei jährlich mehr als 2¼ Millionen Hektoliter verbraucht werden durften.

Genau dieselben Zustände wie in Rom finden wir auch in allen übrigen Städten Italiens, auf welche sich übrigens die kaiserliche Fürsorge fast gar nicht erstreckte. Allein die Municipalbehörden hatten den Auftrag, nachzuahmen, was die kaiserlichen Behörden für Rom thaten, und so fanden denn auch in den kleineren Städten überall Getreide- und Ölvertheilungen statt.

XIII. Das Ende Roms.

Es ist wohl angesichts eines so völlig entarteten Wirtschaftssystemes nicht zu verwundern, dass kein neuer Gaius Gracchus es mehr versuchen konnte, den Staat aus seinen Grundfesten umzugestalten. Was an Reformbestrebungen überhaupt noch erscheint, ist theils ein harmloser, unnützer Kampf gegen das

---

[1]) L. 6 pr. 47, 11. s. ferner: l. 1, 2 u. 3 Dig. 48, 12 de lege Julia de annona.
[2]) l. 53 Dig. 5, 1.
[3]) l. 13 Dig. 48, 2; Frauen und ehrlose Personen dürfen sonst keine den Bürgern zustehende Klagen anbringen.
[4]) Plin. Paneg. Cap. 30.
[5]) Spartian Vita S. S. c. 8 u. c. 23; s. ferner Hirschfeld Annona im Philologus Bd. 29, p. 24 ff. und Marquardt, Staatsv., II., p. 126 ff.

Symptom, nicht aber gegen die Krankheit selbst, theils ein wirksames, aber künstliches Eingreifen, das womöglich noch die Unnatur der Verhältnisse steigert. Um das Jahr 45 v. Chr. versuchte es Cäsar, dem alten und doch praktisch immer todtgebliebenen Gesetze, das die Weidebesitzer Italiens zwingen sollte, ein Drittel ihrer Hirten aus freigeborenen Leuten zu nehmen, noch einmal neues Leben einzuhauchen; natürlich erfolglos[1]), wiewohl die Combination dieses genialen Mannes keine schlechte gewesen sein mag, indem er anderseits verordnete, dass die einzelnen Capitalisten nur eine bestimmte, wie es scheint, nach der Größe ihres Grundbesitzes sich richtende Summe auf Zinsen ausleihen sollten. Es ist leicht möglich, dass Cäsar, welchem die beständige Erfolglosigkeit des licinisch-sextischen Gesetzes wohl bekannt sein musste, durch diese zweite Verordnung das Capital zu größeren Landankäufen bestimmen und damit auch zur Bewirtschaftung desselben und zur Aufnahme von freien Arbeitern zu zwingen hoffte. Übrigens wäre selbst bei strictester Durchführung dieser Bestimmung das Hinschwinden der italischen Bevölkerung nicht aufgehalten worden: denn ebensowenig als heute die Ackerknechte und Mägde unserer Bauern — mangels des nöthigen Einkommens — heiraten können, so wenig wären durch diese schlecht bezahlten und überdies jahraus, jahrein im Freien campierenden Hirten wirtschaftlich selbständige und gesunden Nachwuchs erzielende Existenzen gegründet worden. Ein besseres Mittel, das Proletariat zu beseitigen, war die Deduction von 80,000 Bürgern in überseeische Colonien[2]). Allerdings war damit dem Mutterlande auch nicht viel geholfen. Cäsar hätte alle Römer, die er noch in Italien fand, fortführen müssen, und in neuen Gebieten ein neues, wirtschaftlich anders organisiertes Rom gründen müssen, wenn überhaupt noch der Staat gerettet werden sollte. Nicht viel besser waren wohl auch seine Versuche, durch Abkürzung der Soldatendienstzeit sowie durch das an sämmtliche Italiker gerichtete Verbot, im heiratsfähigen Alter länger als 3 Jahre ununterbrochen von Italien abwesend zu sein, die Gründung von Familien zu erzielen[3]). Das Schicksal von Cäsars Ackeranweisungen[4]) in

---

[1]) Sueton. Caes. 42; s. Drumann, Arbeiter und Communisten, p. 170 bis 172; Mommsen, Röm. Gesch., III., p. 538.
[2]) S. Mommsen, Röm. Gesch., III., p. 511.
[3]) S. Mommsen, Röm. Gesch., III., p. 533.
[4]) S. dens. l. c. p. 538.

Italien zu einer Zeit, da für einen Bauernstand die wirtschaftlichen Grundbedingungen fehlten, braucht wohl nicht weiter geschildert zu werden.

Ganz ähnlich ist Art und Wirkung der von den nachfolgenden Kaisern gedachten Reformen. Augustus († 14 n. Chr.) glaubte zur Ehe und Kindererzeugung mit Gewalt zwingen zu können. Mann und Weib sollen, solange sie im zeugungsfähigen Alter stehen (vom 25. bis 60., resp. 20. bis 50. Lebensjahre), auch thatsächlich verheiratet sein; der verwitwet oder geschieden war, musste nach Ablauf einer bestimmten Frist wieder heiraten, wer eine Testamentserbschaft antreten wollte, vor allen andern Dingen eine — Gattin nehmen, sonst fiel sein Erbtheil als Prämie auf die eingesetzten Miterben, welche verheiratet waren und Kinder hatten[1]). Selbst den Frauen werden privatrechtliche Vortheile zugesichert, wenn sie Mütter von 3 Kindern sind. Während eine statistische Tabelle[2]) aus den 30-iger Jahren unseres Jahrhunderts in den europäischen Ländern für eine Ehe durchschnittlich 5 Geburten aufweist, hat das jus trium liberorum in Rom gar keine Wirkung[3]). Ebenso oberflächlich und erfolglos ist auch der Kampf des Augustus gegen die massenhaften Freilassungen[4]), und das zum Schutze des Getreidebaues für Italien und die Provinzen erlassene Verbot Domitians (81 bis 96 n. Chr.), neue Weinpflanzungen anzulegen, welches übrigens nicht einmal zur Durchführung kam[5]).

Schließlich griff man, da die Strafen gegen Ehe- und Kinderlosigkeit zur Vermehrung der Bevölkerung nichts fruchteten[6]), wieder zu dem alten bewährten Gifte der Frumentationen und errichtete großartige Stiftungen für Kinderalimentation[7]). Seit Nerva (um 100 n. Chr.) und insbesondere seit seinem Nachfolger Trajan († 117 n. Chr.), welcher 5000 Knaben in die Zahl der Getreideempfänger aufnimmt, schreiten die Kaiser sowie die Privatwohlthätigkeit auf diesem Wege rüstig weiter, bis man mit Antonius Pius um 150 n. Chr.

---

[1]) Ulpian. XIII.—XVIII.; Gaius, II., 286.
[2]) S. dieselbe bei Friedländer, Sittengesch. Roms, I., p. 54.
[3]) Dion. IX., 51; vergl. Friedländer l. c.
[4]) Durch die lex Aelia Sentia und lex Fufia Caninia; vergl. Ed. Meyer in Conrads Jahrb. 1895, p. 737.
[5]) S. Marquardt, Privatl., II., p. 447; Suet. c. 14.
[6]) S. Plin. N. H., XIV., 5; Tacitus Ann., I., 73 u. Herm. c. 20.
[7]) S. Marquardt, Staatsverw., II., p. 141 ff.

beginnt, auch für Mädchen derartige Stiftungen
ins Leben zu rufen.

So wird denn schließlich sogar noch die Erzeugung und Auf-
erziehgung der Kinder — soweit als überhaupt möglich — vom
Staate künstlich veranlasst und gefördert. Und es ist klar, dass
diese auf normalen wirtschaftlichen Grundlagen mit der Regel-
mäßigkeit des ihnen zugrunde liegenden Naturgesetzes sich
abspielenden Functionen des Menschenlebens dort, wo sie einmal
aufhören, auch wieder mit der Nothwendigkeit eines Naturgesetzes aufhören mussten. Und deutlicher als lange Sitten-
schilderungen an einzelnen Beispielen zeigt eine kurze Charakteristik der Ehe die wirtschaftlichen Zustände der verschiedenen
Epochen [1]).

Es wurde bereits erwähnt, wie in der Organisation der
ältesten Ehe das hauswirtschaftliche System der Bedarfsdeckung sich ausprägt [2]), und wie verschieden ist auch noch
heute die Ehe des Bauern von der in den Kreisen der hohen
Erb- oder Geldaristokratie geschlossenen!

Das älteste Römerthum mit seinem in ernster, ewig
gleicher Arbeit lebenden Bauernvolke, das für die
ganze Dauer seines Menschendaseins an der Scholle haftet,
kennt auch die Ehe nur als lebenslängliche Verbindung
von Mann und Weib.

Das agile Zeitalter des mobilen Capitals mit dem viel-
seitigen unsteten Jagen nach Gewinn macht auch die Ehe
frei scheidbar und gestattet beliebige Wieder-
verheiratung.

Und die letzte Epoche des großen Niederganges, da hoch
und niedrig überhaupt nicht mehr wirtschaftet, da die Reichen
von ihren Capitalien, die Armen von den Steuern
der Unterjochten ein arbeitscheues Leben führen, kennt
überhaupt keine Geschlechtsverbindung mehr,
welche den Namen Ehe verdient.

Wie das gemeinsame Opfer der Brautleute, bestehend aus
einem Kuchen selbstgebauten Speltes, zeigt, symbolisiert das
Ritual der ältesten römischen Ehe diese als Verbindung zu
gemeinsamer Wirtschaft.

Die später allgemein übliche Form der coëmptio
charakterisiert die Ehe als den Kauf einer Bettgenossin,
und die letzte Zeit des hinsterbenden Römerthums macht sie zu

---

[1]) Einzelne Beispiele s. Friedländer, Sittengesch., I. Capitel „Frauen
Roms", s. p. 405 ff., Rossbach Röm. Ehe; Mommsen. Röm. Gesch., I.,
p. 869 ff., II., p. 403 ff. u. III., p. 528 ff.
[2]) S. p. 6.

einem kurzen Vortrage gemeinsamen Genießens,
wobei allerdings die Frau meist bitter enttäuscht wird und auf
andern unerlaubten — aber gewöhnlichen — Wegen Ersatz
findet. Von früher Jugend an ist das männliche Geschlecht —
namentlich die Söhne der reichen Häuser — von Maitressen männlichen und weiblichen Geschlechtes umgeben [1]). Als jugendliche
Greise schreiten sie zur Ehe und nicht einmal während derselben
können sie ihre alten Gewohnheiten lassen. Dazu mag noch
kommen, dass die Sucht, die großen Vermögen durch möglichste
Einschränkung der Kindererzeugung zusammenzuhalten, die
ohnehin geringen Fesseln zwischen Mann und Weib noch weiter
lockert. Schon Metellus, der Censor des Jahres 131 v. Chr.,
dessen Familienleben musterhaft erscheint, dessen zahlreiche
Kinderschar Staunen und Bewunderung erregt, nennt in öffentlicher Rede nichtsdestoweniger die Ehe eine schwere Last,
welcher sich der Römer aus Bürgerpflicht unterziehen
müsse, und der letzte Vertreter altehrwürdiger Sitte,
der jüngere Cato, der seinem würdigen Ahnen in
jeder Beziehung gleichen wollte, der lieber durch
die eigene Hand starb, als dass er mit Cäsars Sieg
den Untergang der Republik anschauen sollte,
selbst dieser Mann war durch den Zeitgeist so weit
fortgerissen worden, dass er auf die Bitte eines
heiratslustigen Freundes von seiner Gattin sich
trennte und sie jenem zur Frau gab, und nach dem
Tode dieses Freundes dieselbe Frau abermals
heiratete.

Das niedere Volk anderseits, welches sich mangels regel-
mäßigen Erwerbes den Luxus der Ehe überhaupt nicht ver-
gönnen kann, dessen Wohnungen nur aus Schlafstellen
bestehen, vertreibt sich die Zeit in den zahllos gewordenen
Schenken und Bordellen, die häufig in einem Hause vereinigt sind, und Demagogen finden ihre Rechnung
dabei, wenn sie sich mit deren Besitzern ins Ein-
vernehmen setzen [2]).

So nehmen Ehe- und Kinderlosigkeit beständig zu, die
Erbschleicherei wird zum Gewerbe [3]), das Abtreiben der

---

[1]) S. Mommsen l. c. II., p. 403 u. l., p. 870; vergl. Senecas Buch
über die Ehe; ferner Sueton. Caes. c. 76; s. auch Rodbertus in Hildebrands Jahrb., V., p. 292 und Marquardt, Privatl., I., p. 301; Seneca
ep. 95, 24; Suet. Nero 28; Tertull. Apol. 13.
[2]) S. Mommsen, Röm. Gesch., III., p. 523.
[3]) S. Friedländer, Sittengesch., I., p. 367 ff., und die dort citierten
Quellen.

Leibesfrucht ein gewöhnliches Auskunftsmittel, welches mit Hilfe der Hebammen durchgeführt wird[1]).

So erscheint denn schließlich der Augenblick, wo das Capital allein noch übergeblieben, das Volk aber fast ganz vernichtet ist. Und weil es für das Capital kein Ausnützungsobject mehr zu finden gibt, so hat es sich selber unschädlich gemacht und sich überlebt; eine neue primitive Wirtschaft könnte von vorne beginnen. Und sie beginnt auch! Die Sclaven werden — wie schon hervorgehoben — wieder zu Bauern, seit sie aus dem Dienste des Capitals entlassen wurden[2]). Die schädliche Wirkung der Latifundien mit ihrer Massenproduction von Getreide ist verschwunden, und wenn noch der Staat mit den Frumentationen zurückhielt, was unter Cäsar und Augustus in der That geschah, so konnte wieder ein höherer Getreidepreis und mit ihm eine Entlohnung und neue Heranbildung qualificierter, freier Arbeit entstehen. Die Ansätze hiezu sind deutlich sichtbar. Unter der Regierung des Augustus, zur selben Zeit, als gegen die massenhaften Freilassungen eingeschritten wurde, entsteht auch mit dem berühmten Juristen Labeo an der Spitze die Schule der „modernen Richtung", welche — angesichts der immer mehr hervortretenden freien Arbeit[3]) — auf diese das Wesen und die Idee des Eigenthumes aufbauen: Das Haben und Genießendürfen soll der Ausfluss der Kraft und aufgewendeten Mühe, nicht mehr die Folge des Besitzes, der bloße Ausfluss eines formell-logisch construierten Begriffes sein[4]).

Aber es ist längst zu spät! Der beste Kern des Römer-volkes, dem die Herrschaft der Welt mit Nothwendigkeit hatte zufallen müssen, ist verwelkt und verdorben, ein leerer Name, gestützt auf fremde Kraft, ist alles, was Italien noch sein Eigen nennt: und selbst die Macht dieses Namens, vor dem einst der Erdball gezittert, ist zum gespenstischen Schatten geworden, verbleichend und fliehend vor dem Morgenrothe einer neuen Völkerwelt.

Es ist einer der größten Irrthümer, welchen die land-läufige Art der Geschichtsschreibung mit wenigen Ausnahmen noch immer verbreitet, wenn sie nach dem Muster der alten Chronisten es noch immer nicht lassen kann, für Jahrhunderte

---

[1]) S. dens., I., p. 303.

[2]) Vergl. Max Weber, Die socialen Gründe des Unterganges der antiken Cultur in der „Wahrheit", VI. Bd., p. 58 u. p. 67/8: „Familie und Eigenthum werden ihnen zurückgegeben".

[3]) Eine Erscheinung, welche immer mehr hervorsticht, s. Marquardt, Privatl., I., p. 193.

[4]) Vergl. p. 31.

dauernde Processe organischen Entstehens und Vergehens
Datum und Jahreszahl zu fixieren und damit den Anschein zu
erwecken, als sei der Anfangs- oder Schlusspunkt eines großen
Werdeganges dieser selbst. Rom ist — wie das alte Sprich-
wort sagt — nicht an einem Tage gebaut worden, auch
nicht während des Jahres 753 v. Chr., und es ist ebensowenig an einem Tage zerfallen. Die für den Untergang des
weströmischen Reiches festgesetzte Jahreszahl 476 n. Chr.,
da Odovakar, ein germanischer Heerführer in römischen
Diensten, mit der Absetzung des früheren Kaisers den Thron
gewann, hat für Rom so gut wie gar keine Bedeutung. Es
war längst üblich geworden, dass ein Heer seinen Feldherrn
zum Imperator ausrief und ein anderer Feldherr mit einem
anderen Heere diesen verjagte, und es geschah ebensowenig
zum erstenmale, dass ein Mann, der Italien nicht sein Vater-
land nannte, den römischen Cäsarenthron bestieg! Sind es
doch längst schon keine Römer mehr, die für Italiens
Schutz und Herrschaft ihr Schwert schwingen, die
siegen und fallen für einen entvölkerten Staat!
Nicht ganz ein Jahrhundert später, nachdem Karthago
der Erde gleichgemacht war, muss Rom selbst schon, ohne
einen Vertheidiger zu finden, capituliren vor einem ver-
wegenen Schwarm von gallischem Fußvolk und
germanischen Reitern, nur dass die Reichsfeinde diesmal
nicht geführt waren von einem Manne ihresgleichen, sondern
von einem römischen Bürger, dem ersten, welcher mit ihrer
Hilfe die Krone erwarb. Seit dieser Zeit werden die Aushebungen aus fremden Nationen allgemein. Provinzialen, ja sogar Gladiatoren und andere Sclaven werden zu
Soldaten gemacht, wenn der Schall der Werbetrommel nicht
mehr genügt[1]). Um 100 n. Chr. verschwindet das
italische Element ganz aus dem Heere, bald darauf
tritt locale Recrutierung aus jenen Völkern und
jenen Orten ein, wo eben die Legionen stationiert
sind, und schließlich wird das Heer zu einem
Lanzknechthaufen, der mit Weib und Kind zu
Felde zieht und aus sich selber heraus ergänzt
wird, während die besten Truppen seit Diocletian
(um 300 n. Chr.) nicht einmal mehr aus den Provinzen, aus dem Reiche selbst, sondern aus den
angrenzenden Barbarenländern angeworben[1]) werden.

---

[1]) S. dar. sowie über das Folgende Marquardt, Röm. Staatsverw.,
II., p. 130, p. 561 und 997; Mommsen, Conscriptionsordnung der Kaiserzeit in
„Hermes", Bd. XIX., insb. p. 10ff.; Ed. Meyer in Conrads Jahrb. 1895, p. 735/6.

So hat Rom selbst, nachdem es innerlich zerfallen, das eigene Schicksal in fremde Hände gelegt, nicht von den Barbaren besiegt, nicht mit Waffengewalt bezwungen, hat es sich selber gebunden und ausgeliefert. Und als die welt-erschütternden Stürme der Völkerwanderung die Grenzen des Reiches umtosen, da ist auch kein Tropfen Römerblut mehr um den Besitz Italiens geflossen.

Nur eine kurze Spanne Zeit noch leuchtet den entarteten Enkeln eines entschwundenen Stammes der letzte Schimmer von Ruhm und Freiheit, getragen nicht mehr von der in fester Wirtschaft fest gefügten Kraft des eigenen Volkes, sondern gestützt auf Treue und Muth der gedungenen Mannen des Nordlands, der späteren Erben antiker Größe auf der Basis harmonischen Wirkens der eigenen Kräfte im eigenen Bereich.

XIV. Endergebnisse.

Rom bietet das vollständigste Bild einer in sich selbst ausgelebten Volkswirtschaft, eines alle Stadien der Entwicke-lung durchlaufenden socialen Körpers.

Beginnend mit capitalloser Güterversorgung im haus-wirtschaftlichen Verbande, mit einer großen Masse wirtschaft-lich gleichgestellter Existenzen, erscheint das Capital in seinen überall typisch auftretenden Phasen zuerst als Handels- und Leihcapital; Rom wird von Karthagern und Griechen „ent-deckt". Namentlich die Hellenen bedürfen der Producte des Ackers und sie erhalten dieselben gegen Industrieerzeugnisse und Gold. Das Getreide also wird in Rom aus einem consumptiblen, nur den eigenen Bedarf befriedigenden Gute zur Handelsware, das dafür eingetauschte Gold, der große, abstracte Wertmesser, zum Leihobjecte, das umso will-kommener gebraucht und missbraucht wird, als das Gut des zahlungsunfähigen Schuldners abermals wieder eine Basis für die Production von absatzfähigem Getreide bietet.

Die eigentliche „Blüte" der Latifundienwirtschaft aber fällt in die Zeit nach der Eroberung Siciliens. Der Plantagen-bau mit Sclavenherden, welche naturgemäß im Winter auf andere Beschäftigung gebracht werden müssen, führt zur Errichtung von Industrien, während in den Städten Sclaven als Gewerbetreibende vom Capital ansässig gemacht werden.

So tritt zu den beiden ersten Erscheinungsformen des Capitals auch noch die des Productionscapitals.

Aber auch damit bleibt die römische Volkswirtschaft nicht stehen. Sie kennt auch Formen, welche dem heutigen Bank- und Börsencapitale völlig analog an die Seite gestellt werden können. Ein bis in die feinsten Details ausgearbeitetes Associationswesen löst den Capitalbesitz ab von seinen individuellen Trägern, und unter der einheitlichen, zielbewussten Leitung von Unternehmern, Banquiers und kleinen Consortien öffentlicher Gesellschafter, entstehen — wenn auch unter anderem Namen — dennoch vollkommen moderne Actienunternehmungen, sei es zum Zwecke, das Risico zu vertheilen, oder um Geschäfte durchführen zu können, deren Größe über die Kräfte einzelner hinausragt. Diese accumulierte Macht des gewissermaßen unpersönlich gewordenen Capitals wird unterstützt durch ein großartig durchgebildetes Bankenwesen, dessen Functionen nicht nur in der Erleichterung des Barverkehres durch Anweisungen, Checks etc. bestehen, sondern auch so ziemlich diejenige Rolle spielen, welche unseren heutigen Börsen zukommt. Wenn schon Mommsen sehr richtig hervorgehoben hat, dass es in dem gesammten Weltreiche der Mittelmeerländer kaum einen einzigen Geschäftsabschluss geben konnte, der nicht durch die Hände der römischen Banquiers gieng, so waren diese eben der unleugbare Mittelpunkt aller capitalistischen Functionen. Wie man sich heute an der Börse Anlagewerte kauft, wie man sich durch Bank und Börse an Gründungen betheiligt, seine Capitalien wieder zurückzieht und damit andere Leute in das Unternehmen eintreten lässt, ohne dass deshalb aus diesem wirklich ein Theil des Geldes zurückgezogen würde, genau so wie heute Bank und Börse Anleihen vermitteln zwischen öffentlichen Corporationen und dem Publicum, genau auf dieselbe Weise haben die untereinander genossenschaftlich verbundenen römischen Bankhäuser gearbeitet.

Also auch diese letzte höchste Entwickelungsform des von der Person abgelösten accumulierten Capitales hat die antike Welt zwei Jahrtausende vor uns schon gekannt und ist in den nämlichen Entwickelungsläufen wie wir zu diesem Resultate gekommen! Aber der antiken Welt, die alle Feinde niedergeworfen hatte, die lange Zeit hindurch keine zerstörende Gewalt von außen zu fürchten hatte, ihr war es demnach beschieden, noch einen Schritt weiterzugehen, den wir noch nicht gethan haben, wenngleich er uns unmittelbar bevorsteht: Es ist dies der kurze, aber unausbleibliche Fall einer capitalistisch entarteten Wirtschaft, mag sie mit gleißendem Prunke auch den Anschein wirklicher Blüte erwecken, die stolze Höhe zieht dennoch mächtig in die Tiefe des Verderbens.

Genau wie heutzutage die wirtschaftliche Entartung sich ankündigt in dem beständigen, rapiden Wachsen des Capitals und einem demgemäßen Hinschwinden der mittleren, selbständigen Existenzen im Staate (Bauern, Gewerbetreibende), so hat Rom geendet.

Die capitalistische Production braucht reichen Absatz in kaufkräftigen, mittleren Existenzen. Sobald aber diese infolge ihrer Concurrenzunfähigkeit auf allen Gebieten vom Capitale absorbiert sind, bleibt dieses allein mit den von ihm wirtschaftlich abhängigen Existenzen und den übrigen Proletariern zurück. Die Production kann sich nicht mehr rentieren und muss aufhören, die Sclaven werden freigelassen. Wollte das Capital für sich und seine Arbeiter weiter producieren, so hieße das soviel, wie eine Kuh von ihrer eigenen Milch ernähren.

Natürlich erfolgt dieses Aufhören der vom Capitale bisher geleisteten Güterversorgung langsam und successive. Das Volk aber kann seine täglichen Bedürfnisse nicht missen. Und so führt die nothwendige, praktische Consequenz dazu, dass überall, wo die capitalistische Güterversorgung zu versagen beginnt, der Staat eingreifen muss, und das jetzt entstehende wirtschaftliche Gebilde ist der Staatssocialismus, der ja auch in unserer Zeit schon seine ersten bescheidenen Anfänge macht.

Die erste staatssocialistische Organisation in Rom erfahren diejenigen Berufszweige, welche mit den Dingen der Annona, der täglichen Lebensmittelversorgung, zu thun haben, denn diese war zuerst wegen der wüthenden Capitalistenspeculationen der staatlichen Einmischung bedürftig geworden. Das Collegium der Frachtführer, welche von den verschiedensten Küsten des Mittelmeeres das Getreide nach Rom bringen, werden als Zwangsgenossenschaften organisiert und besoldet. Nicht anders ergeht es den Bäckern, welche gewöhnliche Brotsorten erzeugen, und den Fleischern[1]). Und schließlich wird sogar, wo das Steuergetreide nicht ausreicht, auf Staatsdomänen der Getreidebau vom Fiscus betrieben (Egypten). Dabei aber bleibt Rom nicht stehen. Was an Gebäuden errichtet werden muss und nicht vom Militär gebaut werden kann, wird zwangsweise Unternehmern auferlegt, die eine

---

[1]) S. Gierke, Genossenschaftswesen.

Naturalentlohnung erhalten. Im ganzen Reiche zerstreut liegen große fiscalische Fabriken, welche Italien mit Kleidern, das Militär mit Waffen versorgen. Dabei wird es immer schwerer, die nöthigen Arbeitskräfte zu erhalten und am Davonlaufen zu verhindern. Freie und Nichtfreie müssen gebrandmarkt, Verbrecher oft zwangsweise in die gewerblichen Organisationen eingereiht werden. Die individuelle Freiheit ist verschwunden, das Gold, der treue Begleiter der Capitalherrschaft, ist überflüssig geworden. Der Verkehr vollzieht sich jetzt im Austausche von Naturalien, während Rom nach Unterwerfung Italiens die Silber-, nach Unterwerfung des Erdkreises die Goldwährung für den internationalen Verkehr geschaffen hatte. Dass auch der weitverzweigte und complicierte Transport all dieser Güter, sowie die complicierte Verwaltung und Verproviantierung aller Vorrathshäuser vom Staate in eigener Regie betrieben wurde, bedarf wohl kaum einer weiteren Hervorhebung.

Die Wirkung des Staatssocialismus ist furchtbar: Eine panikartige Flucht von der Stadt, dem hauptsächlichsten Sitze all der Zwangsorganisationen, macht sich bemerkbar. Vergebens sucht Mahnung, Verbot und Gesetz der Kaiser den Schrei nach entschwundener Freiheit zu übertönen: Die Vornehmen verlassen ihre städtischen Häuser und ziehen nach ihren Landgütern. Wer arbeiten kann und will, schließt sich ihnen an. Feudale Herrensitze entstehen auf dem Lande, und wie die mittelalterlichen Frohnhöfe erzeugen sie in hauswirtschaftlicher, aber arbeitstheiliger Organisation ihren Bedarf an Gütern[1]. Kleine Staaten im Staate, nehmen sie auf, was aus der Stadt entflieht und den letzten Rest von Freiheit sich wenigstens in der Form der freien Berufswahl wahren will.

So veröden die Städte, wie es Dio so anschaulich geschildert hat. Rom, die Herrscherin der Welt, ist verloren, die wirtschaftliche Entartung hat sie auch politisch getödtet. Der Schwerpunkt des großen Reiches rückt naturgemäß nach dem Osten, wo ein Rest von Production und Volkskraft noch vorhanden scheint. Die Organisation der Latifundien hat sich dort durch das Colonenwesen fest geschlossen, und wenn auch entartet, so besteht doch damit etwas einem Mittelstande Ähnliches. Die Brotversorgung ist leichter und mehr concentriert, das ägeische Meer verbindet mit dem unerschöpflichen Kornlande Egypten und dem Pontus. Die Kaiser ziehen dem wirtschaftlichen Centrum, der Production und dem Getreide nach. Constantinopel wird 330 n. Chr. die Hauptstadt des Reiches. Das Abstoßen der wirtschaftlich entarteten und zum Ballast gewor-

[1] Vergl. Max Weber, Röm. Agrargesch., p. 260 ff.

denen Gebiete Italiens führt vorübergehend zu einer kleinen
Besserung, aber auch das Ostreich siecht dahin in einer Organisation, die ein Gemisch bildet zwischen Capitalismus und Socia-
lismus, wenn es ihm auch gelingt, Rom um ein paar Jahrhunderte zu überdauern.

Es ist aber gewiss kein Zufall, wenn wir die wirkliche
Gesundheit und wahre Blüte einer Volkswirtschaft immer nur
dort finden, wo wenig Groß - Capital und ein kräftiger Mittelstand
vorhanden ist. Diese beiden Classen sind immer in umgekehrter
Proportion vorhanden, denn ihre Tendenz ist entgegengesetzt.
Nur bei den wirtschaftlich selbständigen mittleren Existenzen
hält sich Eigenthum und Arbeit das richtige, harmonische Gleichgewicht: Das Capital mit seinem übermäßigen Besitze an Productionsmitteln kennt nur ein Leben ohne Arbeit, das Proletariat
nur Arbeit ohne Leben, d. h. ohne menschenwürdiges Leben.
Das Capital kann aus seinem Besitze allein das nöthige Einkommen ziehen: wer nur soviele Werkzeuge und nur soviel
Ledervorrath besitzt, um gleichzeitig immer nur ein Paar Schuhe
zu erzeugen, der kann nicht einen Arbeiter nehmen und dessen
Lohn sich entgehen lassen. Wer aber Productionsmittel in
solcher Anzahl besitzt, dass er 100 Paar Schuhe gleichzeitig
erzeugen kann, der schöpft aus dem Eigenthume des massenhaft
ihm zufallenden Productes genug Einkommen, um die Arbeit
hinauszahlen zu können: mit andern Worten: Aus der Masse
des mit Gewinn verkaufsfähigen Productes resultiert als Einkommen ein derartiger Mehrertrag über die hinausbezahlte
Arbeit, dass ein zum Leben vollauf genügendes Einkommen
erübrigt wird, so dass es dabei keine Rolle mehr spielen würde,
wenn der Capitalist selbst an Stelle eines Arbeiters schaffen und
so sein tägliches Einkommen um vielleicht 2 Mark erhöhen
würde. Ein arbeitsloses Einkommen aber ist ein Ballast für eine
Volkswirtschaft, denn die Güter, die wir zum Leben benöthigen,
fordern insgesammt Arbeit. Wer diese verzehrt, ohne selbst
solche zu erzeugen, fällt der Gesammtheit zur Last. Die besitz-
losen Classen hingegen, welchen das Eigenthum an Productionsmitteln gänzlich mangelt, haben nur als Einkommen ihren karg
zubemessenen Arbeitslohn. Es braucht keiner besonderen Hervorhebung, dass beide Erscheinungen unnatürliche Extreme darstellen. Zur Production gehört sowohl der Besitz an Productionsmitteln als auch die Arbeit. Ihre harmonische Vereinigung in
einer Einzelwirtschaft, das Gleichgewicht zwischen Capital und
Arbeit, ist der naturgemäßeste und gesündeste Zustand, der in
den wirtschaftlich selbständigen mittleren Existenzen thatsächlich
vorhanden ist. Darum verlangt auch der moderne Rechts-

philosoph Meilinger¹) die kräftigste Förderung dieser Existenzen durch die Staatsgesetze.

Das Eigenthum an Productionsmitteln κατ' ἐξοχήν ist noch nicht Capital: wenigstens nicht in dem Sinne, welchen wir heute vorwiegend mit diesem Begriffe verbinden, nämlich das die Volkswirtschaft ausbeutende Element.

Capital in diesem Sinne ist nur jenes übermäßige Eigenthum an Productionsmitteln, welches gestattet, ein Leben ohne Arbeit zu führen.

Und auch nur diesem Capitale kommt die maßlos gesteigerte Accumulationsfähigkeit zu, das parasitische Wesen an und in der Volkswirtschaft, die Existenzfähigkeit, ohne selbst zu producieren, nur durch Mieten der Production oder durch bloße Speculation mit Besitzverschiebungen, die Träger des Capitals auf das allerbeste zu ernähren.

Die Geschichte der altrömischen Volkswirtschaft zeigt deutlich, wie einerseits das Capital den Mittelstand absolut ruinierte, und anderseits, wohin der Untergang des Mittelstandes geführt hat.

Die Richtigkeit dieser Sätze erhellt aber auch noch aus einer anderen Betrachtung: In jeder zum Capitalismus gelangten Volkswirtschaft gibt es gleichzeitig und nebeneinander die drei Typen wirtschaftlicher Einzel-Existenzen, die Arbeit ohne Capital (Besitzlose), die harmonische Vereinigung von Capital²) und Arbeit (Mittelstand) und drittens das Capital ohne Arbeit (Capitalisten). Diese nebeneinander bestehenden Typen der Einzelwirtschaften finden ihre vollständige Analogie in dem Nacheinander der typischen Entwickelungsstadien einer gesammten Volkswirtschaft:

Die hauswirtschaftliche Periode kennt eigentlich nur Arbeit ohne Capital. Wenn wir in dieser Epoche überhaupt von Productionsmitteln sprechen dürfen, so fällt das Eigenthum an denselben kaum ins Gewicht, denn sie sind wenig qualificiert, jeder kann sich dieselben occupieren. Arbeit, körperliche Anstrengung, bildet die Basis der frugalen Lebensfristung.

Die stadtwirtschaftliche Epoche, die Blütezeit wirtschaftlichen allseitigen Aufschwunges ist auch die Blütezeit des Mittelstandes. Eigenthum an Productionsmitteln und Arbeit halten sich hier das vollkommene Gleichgewicht; die Productionsmittel sind schon qualificiert, ihr Besitz ist von Wichtigkeit, aber wer sie in seiner Hand vereinigt, ragt noch nicht so hoch über die andern empor, dass er der eigenen Arbeit entbehren könnte.

---

¹) In „Recht und Macht".

²) Hier im Sinne von Eigenthum an Productionsmitteln überhaupt.

Die volkswirtschaftliche Epoche endlich charakterisirt sich durch das Capital ohne Arbeit. Sie trägt aber auch schon wieder die retrograde Tendenz in sich, indem sie anderseits auch Arbeit ohne jedes Eigenthum an Productionsmitteln kennt. Auch hiefür bietet das Römerthum ein typisch klares Bild, wenn auch seine Productionsmittel lange nicht die ungeheuere moderne Technik erreichen und folglich auch nicht die großartige Qualification und den Wert jener der modernen Zeiten erreichen.[1]

Soviel aber auch der technische Fortschritt und die Complicirtheit unserer heutigen Productionsmittel deren Wert ins Maßlose gesteigert und sie damit naturgemäß zum Hochsitze des Capitals gestaltet haben mag, unsere Culturentwickelung trägt mit dieser wirtschaftlichen Übermacht der Einzelnen und den von ihnen abhängigen darbenden Proletariermassen den Keim des Rückschrittes und des Verfalles in sich, den Keim zu einer neuen Wirtschaftsorganisation, in der das Capital den letzten Schritt zur vollkommenen Unpersönlichkeit machen und von der unpersönlichen Staatsmacht aufgesogen werden soll und wir wieder dorthin zurückkehren werden, von wo wir unsern Ausgang nahmen, von der Arbeit ohne Capital.

Wird es gelingen, diesen ungeheueren Verfall zu verhüten? Wird es eine Lösung dieses größten Problems unserer Gegenwart geben? So schwer sie erscheint, sie ist doch möglich. Aber sie liegt nicht in dem Gedanken einer Verstaatlichung oder Vergesellschaftung der Productionsmittel, das hieße den gordischen Knoten mit der Schärfe des Schwertes zerhauen. Die wahre Lösung des Problems liegt in der richtigen Rückführung zu einer breiten Masse wirtschaftlich selbständiger mittlerer Existenzen, ohne unsere Cultur, unsere Technik und unsere Productionsmittel zu vernichten oder ihre Arbeit ins Stocken zu bringen, indem wir sie aus ihrem bisherigen und einzig fruchtbaren Boden, aus den Händen des Individuums in die einer abstracten Gesammtheit, legten. Die echte Lösung dieser Frage muss vielmehr liegen in einer richtigen gleichmäßigen Vertheilung der Productionsmittel auf alle, auch jener Productionsmittel, deren Wert den individuellen Besitzer abermals zum Capitalisten machen würde, auf dem Wege des ideell getheilten Eigenthums an eine kleine Gesammtheit von Individuen, in Form der Berufsgenossenschaft, mit einem Worte: Das Heil der Zukunft liegt einzig nur in einer Wiederherstellung des Gleichgewichtes zwischen Eigenthum an Productionsmitteln und Arbeit.

[1] Man könnte sagen: Das Alterthum kannte die extensiv capitalistische, die Neuzeit die intensiv capitalistische Production.